# とっておきの道徳授業20

## 一歩先を行くオリジナル道徳授業

佐藤幸司 編著

日本標準

# はじめに

　1958（昭和33）年に誕生した「道徳の時間」は，2018（平成30）年度から「特別の教科 道徳」となり，学校現場では週１時間・年間35時間（１年生は34時間）の道徳授業が当たり前のこととして実施されるようになりました。

　しかし，一方で，道徳授業へ向かう教師の"熱"が，次第に冷めてきていると感じたことはないでしょうか。

　教材は，教科書に載っている「お話」を順番に扱えばいい。
　展開は，教科書会社の『教師用指導書』の通りに進めれば，授業は成り立つ。
　評価のために，授業の最後には，毎回「振り返り」を書かせておこう。
　……
　道徳の教科化から５年が過ぎた今，こんな考えで道徳授業を行っていませんか。

## 一歩先を行くオリジナル道徳授業

　これが，『とっておきの道徳授業』シリーズ20巻目となる本書のテーマです。
　教育研究団体「道徳のチカラ」のルーツは，1989（平成元）年２月，群馬県小学校教師・深澤久氏が立ち上げた�道（マルドウ：全国ネットワーク『道徳授業記録』）にあります。以来，道徳授業改革に熱き志をもつ教師が，全国の教室から「タメになり，ホンキになる道徳授業」を発信し続けてきました。そして，今年2023（令和5）年，「道徳のチカラ」は創設（通算）34周年を迎え，『とっておきの道徳授業』シリーズは記念の20巻，二十歳となりました。
　これまでの歴史に誇りをもち，常に時代の一歩先を行くチカラのある道徳授業を自らの手で開発し，発信していきたい——。これが，本書に込められた思いです。

　『とっておきの道徳授業』シリーズの最大の強みは，オリジナル教材の開発にあります。節目の20巻目となる今回，あらためて"教材開発のチカラ"に焦点を当てました。
　本書は，全５章で構成され，30本の授業実践を掲載しました。もちろん，既存の教材に頼らないオリジナルの教材開発による実践です。すべての実践には，あふれんばかりの教師の思いが込められています。

　これからを生きる子どもたちに贈るとっておきの道徳授業。
　ぜひお読みください。
　きっと道徳の時間が待ち遠しくなることでしょう。

　2023年３月

　　　　　　　　　　　　　　　　　　　　　　　　　　　　　　佐藤幸司

# 目　次

# この本の使い方（特長）

学年は，一応の目安として考えてください。それ以外の学年でも実施可能な実践がたくさんあります。

学習指導要領の内容項目に対応しています。

なぜこの授業をするのか，どんな授業をつくりたいのか，教師の思いや授業の主張が簡潔に述べられています。

「マイ・ベスト道徳」である所以（ゆえん）や，効果的な指導時期・他の教育活動との関連などを明記しました。

一歩先へ行く授業であるための展開の工夫や留意点などを示しました。

1ページ目

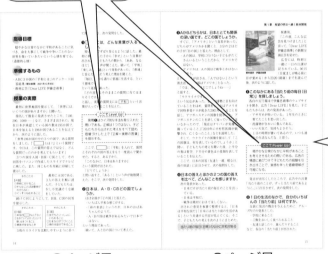

2ページ目　　　3ページ目

指導案ではありません。
授業の展開例でもありません。
実際の授業の様子を追実践可能な形で記しました。
「授業の事実で語る」本書の理念を具現化したページです。
発問・指示・子どもの動きが，具体的に書かれています。

●そのまま使える資料や学習プリントの内容を掲載したページもあります。

●子どもの感想を読むと，授業のイメージが，より具体化します。
　　　　　　　など

学習の様子を肯定的に記述した，評価のための**所見文例**です。

教材を開発し，授業を実施し，執筆しました。

4ページ目

# 序 章

# 教材開発のチカラ

# 1. 教科書だけで「まあいいか……」としない

教科書の順番通りに道徳をやって，展開も『教師用指導書』の通り。でも，それだけでいいのかな？

道徳の教科書は，授業の量的な確保の手段。教科化5年目を終えた今，教科書一辺倒から一歩踏み出し，魅力ある授業を創出しましょう。

## ●教師の思いがあってこそ

2018（平成30）年度の道徳科全面実施に伴い，教科書が無償給与され，指導要録への評価の記載が義務づけられました。その結果，学校現場では，道徳授業の量的な確保（年間35時間〈1年生は34時間〉の実施）は，ほぼ達成されるようになりました。

道徳の教科化から丸5年がたった今，全国の教師に問います。

その授業に教師の思いはありますか？

子どもたちとこんな道徳をやってみたい。

道徳でこんな子どもたちを育てたい。

そんな教師の思いがあってこそ，道徳授業での学びは子どもの心に響きます。

授業における主たる教材は，教科書です。これは，特別の教科でも各教科でも同じです。しかしながら，授業者が「教科書を使って，『教師用指導書』に書かれてある展開例の通りにやっていればいい……」というような安易な気持ちで毎週の道徳授業を行っていたとしたら，それは本末転倒です。

道徳の教科化の本来の目的は，日本中のすべての教室で良質道徳授業が実施され，心豊かな子どもたちを育てることにあります。量的な確保はそのスタート地点に立つための第一歩であり，その先の質的な転換（魅力ある授業の実施）を進めることが大切なのです。

## ●道徳教材開発は教師の努力義務

研修会に伺うと，

「道徳の教科書は，使わなくてもいいのですか」

と真面目な顔で聞かれることがあります。

学校教育法34条には，教科書の使用義務が規定されています。

小学校においては，文部科学大臣の検定を経た教科用図書又は文部科学省が著作の名義を有する教科用図書を使用しなければならない。

ですから，「自作教材を使えば，教科書は使わなくてもいい」とは言えません。ただし，同34条第4項には「教科用図書以外の教材で，有益適切なものは，これを使用することができる」という趣旨が示されています。これは，社会科の県版資料などを例にとるとわかりやすいと思います。

一方，道徳科の教材開発について，小学校学習指導要領（平成29年告示）には，次のようにあります。

(1) 児童の発達の段階や特性，地域の実情等を考慮し，**多様な教材の活用に努めること**。特に，生命の尊厳，自然，伝統と文化，先人の伝記，スポーツ，情報化への対応等の現代的な課題など

> を題材とし，児童が問題意識をもって多面的・多角的に考えたり，感動を覚えたりするような**充実した教材の開発や活用を行うこと**。(p.168) ※太文字は著者

学習指導要領には，法的拘束力があります。法令における「～に努めること」「～を行うこと」という文言は，「～しなさい」という意味に近い表現で，文字通り"努力義務"であるといえます。

ですから，

「道徳が教科になったのだから，教科書以外の教材は使っていけません」

などというのは，法令違反なのです。

> ぼくの先生は，教科書以外にも教材を準備して，楽しい授業をしてくれるよ。

## ●自作教材の圧倒的優位性

自作教材を使って授業をすると，学級の子どもから，

「先生，これ（この教材）は，先生がつくったのですか」

と聞かれることがあります。そんなとき，自分の完全オリジナル実践であれば「そうだよ」と答えますし，『とっておきの道徳授業』シリーズに掲載されたほかの先生の実践であれば，「みんなと一緒に勉強がしたくて，いろいろ調べて準備したんだよ」と答えます。授業の準備にかける教師の思いは，こんな会話からも子どもたちに伝わります。

自作教材の圧倒的優位性の一つに，リアルタイムの教材開発があります。「予測困難な社会の変化」という言葉に示されるように，社会は絶えず変化していきます。

教科書は，4年に1度改訂されます。小学校では，2024（令和6）年度から2027（令和9）年度まで，第3期となる道徳教科書が使用されます。逆算すれば，教科書採択は2023（令和5）年度，教科書検定は2022（令和4）年度，教科書作成は2021（令和3）年度までに終えています。

本書『とっておきの道徳授業20』には，ロシアのウクライナ侵攻に関連する平和の授業やSDGs，ダイバーシティに関する授業が収められています。また，アスリートの活躍を取り上げた教材もあります。これらは，すべて「今」を題材にして実施された授業です。

また，ノンフィクション教材に限らず，4コマ漫画や絵本・図鑑，新聞記事や音楽などまさに「多面的・多角的」な視点から開発された教材で授業がつくられています。

教材の魅力は，そのまま授業での子どもたちの反応として返ってきます。それが，最初に感じる道徳授業の手ごたえです。まずは，本書を活用して，その手ごたえを実感してください。そして，次は自分自身がオリジナル教材を開発して，道徳授業を大いに楽しんでほしいと思います。

> 魅力いっぱいの教材で勉強できたら，ワクワクするね。ますます道徳が好きになりそう！

---

**ここが肝心**

①その授業に教師（自分）の思いはあるのかを自問する。せっかくの週1回の道徳だからこそ，教師の思いのこもった時間にする。

②道徳教材開発の法的位置づけ（努力義務）を理解した上で，教科書を主たる教材としながら，それに縛られることなく積極的な教材開発をバランスよく行っていく。

# 2.「つくる」にチャレンジ

教材開発に取り組む先生って，すてきだな。そんな先生がもっと増えてほしいな。

選ぶ教材から，つくる教材へ。この意識の変革が，魅力ある道徳授業づくりへの第1歩になるのです。

## ●躊躇なく進む

教科書だけを使った道徳授業に物足りなさを感じている教師は，大勢います。しかし，道徳の教材開発に積極的に踏み出せずにいる教師も，少なくありません。

小学校学習指導要領解説「特別の教科 道徳編」に，「教材の変更」について次の記述があります。

（教材を）変更する場合は，そのことによって一層効果が期待できるという判断を前提とし，少なくとも同一学年の他の教師や道徳教育推進教師と話し合った上で，校長の了解を得て変更することが望ましい。 (p.76)

授業づくりに情熱を注ぐのは，教師として尊いことです。開発したオリジナル教材は，他の教師に相談したり紹介したりして，オープンな姿勢で授業づくりを進めましょう。

一方，「校長の了解を得て」と書かれてあるので，教材の開発に躊躇してしまうという話を聞くこともあります。これについては，

「校長の許可がなければオリジナル教材での授業ができない」ではなく，「校長に相談・報告すれば安心して授業ができる」というふうに積極思考で考えてください。

## ●選択から開発へ

2020（令和2）年度版小学校道徳教科書は，全8社から発行されています。各社の教科書をめくると，『とっておきの道徳授業』シリーズで紹介してきた資料が目にとまります。確認したところ，関連する教材も含めると，その数は延べ66本です。教室現場で生まれ，『とっておきの道徳授業』シリーズから発信した実践が，各社の教科書教材になっています。

教科書教材も，最初は誰かがつくったのです。教材の選択から教材の開発へ，授業実践者としての誇りをもって進んでいきましょう。

担任の先生がつくった教材で道徳の勉強ができる子は，幸せだね。先生，ファイト！

### ここが 肝心

①教材開発は，教師として尊い行いである。だからこそ，堂々とオープンな姿勢でオリジナル授業実践を積み重ねていく。

②『とっておきの道徳授業』シリーズから，多くの実践が教科書教材になっている。教材を選んで使う教師から，教材を自分でつくる教師へ，誇りをもって進む。

（編者　佐藤幸司）

# 第 **1** 章

## 希望の明日へ続く
## 教材開発

第**1**章

希望の明日へ続く
教材開発

## 第1章の内容

# 1.平和とは？ 2022
## ～穏やかな日常のなかに平和がある～

<関連する主な内容項目>　C　国際理解，国際親善

　2001 年，アメリカ同時多発テロが起きた年に実施した「平和とは？」という授業があります。『とっておきの道徳授業Ⅱ』に掲載されている授業です。

　平和とは何でしょうか。穏やかな日常のなかにこそ，平和があります。当たり前の日常に感謝の念をもち，世界中の人々に平和が訪れることを願って，今「平和とは？　2022」の授業を創りました。

教材　・**伊藤忠商事　新聞広告**
　　　**「Dear LIFE」**
　　　朝日新聞　2022年7月22日

資料提供：伊藤忠商事

### ■「平和とは？」の問いから日常へ

　授業の前半では，世界の 3 か国で聞いた「平和とは？」の答えから，どんな質問だったのかを考えます。答えではなく質問文を考えるという通常とは逆の思考が，子どもたちの学びの意欲を喚起します。

　日本人の答えに注目すると，そこには「日常」という共通点が見えてきます。ここで，広告「Dear LIFE」を提示し，日常のなかにある平和のありがたさに気づかせていきます。

### ■ 21 年の月日

　21 年前に実施した「平和とは？」の授業が，今，必要になりました。これは，21 年経っても，いまだに世界には戦争で苦しんでいる人たちがいるという悲しい事態を表しています。平和に関する授業では，子どもたちからはウクライナの話が出されます。現在の世界情勢に触れながら，平和を願う気持ちを育ててください。

## 指導目標

　穏やかな日常のなかに平和があることに気づき，命を大事にして戦争や争いごとのない世界を築いていきたいという心情を育てる。（道徳的心情）

## 準備するもの

・ABC３か国の「平和とは」のアンケート回答結果（朝日新聞　2001年12月9日）
・教材広告「Dear LIFE 伊藤忠商事」

## 授業の実際

　最初に世界地図を提示して，「世界には，いくつの国がありますか」と聞いた。

　指名して数名に発表させたところ，「100，200，1000……」など，さまざま出された。現在日本が承認している国の数は195か国で，日本を加えると196か国であることを伝えてから，次のように話した。

　「世界196か国の中の３つの国で，ある質問をしました。『　　　　とは？』という質問です。今日は，この質問の答えではなく，どんな質問だったのかを考えてもらいます」

　３つの国をA国・B国・C国として，その回答をパソコンで作成したスライドでテレビに映した。また，同じものを用紙に印刷して提示した。

┌─────────────┐
│　　　そのこたえ…　　　│
│【A国】　　　　　　　　│
│①学校に行けること　　　│
│②そんなことばは意味が　│
│　わからない　　　　　　│
│③ぐっすりねむれること　│
└─────────────┘

　最初にA国である。３人の答えを順に読んだ。子どもたちは，少し不思議そうな顔をしていた。

　続けて同じようにして，B国，C国の回答を提示した。

┌─────────────┐┌─────────────┐
│　　　そのこたえ…　　　││　　　そのこたえ…　　　│
│【B国】　　　　　　　　││【C国】　　　　　　　　│
│①本当の　　　なんてない││①友だちといっしょに　　│
│②生きていてよかったという││　いられること　　　　　│
│　思い出をつくること　　││②ひまな日がつづくこと　│
│③家族が安全なとき　　　││③孫の世話ができること　│
└─────────────┘└─────────────┘

　３枚のスライドを比較しやすいように並べ

て黒板にはり，次の発問をした。

## ❶　　　には，どんな言葉が入るでしょうか。

　短い言葉でずばり答えるように話した。最初に挙手をした子から「幸せ」という言葉が出された。子どもたちの間から，「ああ，なるほど」という声が聞こえた。続いて，「平和」「楽しみ」「普通」という発表があった。「普通」と答えた子にそう考えた理由を聞くと，

　「毎日，いつも通りに普通に生活する，という意味です」

という返答があった。

　「どの言葉もそのままこの質問に当てはまりそうですね」

と話し，実際の質問文には 平和 という言葉が入っていることを伝えた。

┌ - - - - ┤ここで Level Up!├ - - - - ┐
│　発問❶はクイズ的な手法を取り入れた　│
│問いである。正解は１つではない。子ど　│
│もたちから出された考えをすべて認め，　│
│価値づけした上で「正解＝実際の言葉」　│
│を提示する。　　　　　　　　　　　　　│
└ - - - - - - - - - - - - - - - - - ┘

　ここで，　　　に「平和」を入れて，質問とそれぞれの国の答えをもう一度読んで聞かせた。すると，ある子から，

　「このなかに，日本はありますか」

という質問が出された。

　「どうでしょうか」

と問い返すと，「ある！」という声が複数聞こえた。そこで，次の発問をした。

## ❷日本は，A・B・Cのどの国でしょうか。

　ほぼ全員が「Cの国」と答えた。

・いちばん平和な感じがする。
・「孫の世話」というのが，日本のおばあちゃんのようだ。
・A・Bの国は戦争があるみたいで日本ではない。

という理由であった。

　続いて，AとBの国について考えた。

**❸AかBどちらかは，日本ととても関係の深い国です。どこの国でしょうか。**

　すぐに，「アメリカ」という返答があった。どちらがアメリカかを聞くと，3分の2ほどの子が「Bの国」と答えた。理由として，

　・Aの国は，学校に行けない子どもがたくさんいるということだから，アメリカではない。

　・アメリカは，Aの国ほど戦争とかはないと思う。

という意見が出され，「Aではない」という消去法で「Bの国はアメリカ」となった。

　「では，Aの国はどこでしょうね……」

と話すと，

　「ウクライナですか」

という反応があった。世界の情勢に目を向けていることをほめ，質問をしたのはアメリカで同時多発テロが起きた2001年であることを話し，アフガニスタンの国旗を提示した。アフガニスタンのことを詳しく知っている子はいなかったので，「現在はタリバンが実権を握っていること」「2019年に中村哲医師が銃撃され，亡くなったこと」などを説明した。

　そして，ウクライナの国旗を提示して，「この国旗は，何を表しているのでしょうか」と問い，子どもたちの考えを聞いた後，上半分の青は青空，下半分の黄色は小麦畑を表していることを伝えた。

　ここで，日本の回答（友達と一緒，暇な日，孫の世話）に注目させて，次の発問をした。

**❹日本の答えとほかの2つの国の答えを比べて，どんなことを感じますか。**

　次の発表があった。

　・日本だけが当たり前の毎日のことを言っている。

　・日本は平和だ。

　・戦争は絶対におきてほしくない。

　出された意見を板書で整理すると，「日本は平和な国だ」「日本には当たり前の生活がある」という共通する内容が見えてくる。そこで，子どもたちの考えを次のようにまとめた。

> 当たり前の毎日（日常）のなかに平和がある

資料提供：伊藤忠商事

　板書後，「この前，こんな広告を見つけました」と言って，「Dear LIFE 伊藤忠商事」の新聞全面広告を見せた。

　広告には，時刻と一緒に一日の日課が記されている。06:15（目覚ましが鳴る前に目が覚める）から23:20（就寝）までを読んだ後，次のように話した。

**❺このなかにある「当たり前の毎日（日常）」を探しましょう。**

　各自のICT端末で伊藤忠商事のウェブサイトを開き，広告「Dear LIFE」を見た。子どもたちからは，次の発表があった。

　・アサガオが咲いている。1年生のときに育てたことを思い出した。

　・洗濯物がきれいに畳んである。

　・いい天気で，気持ちよさそう。

　・1日の時間が書いてあるので，いつも通りの生活なんだな，と思う。

---

**ここで Power Up！**

　穏やかな日常のなかに平和があることを考えさせるための問いである。広告の場面に結びつけて子どもたちの経験を引き出すことで，実感を伴った価値理解が可能になる。

---

　発言が出尽くしたところで，広告中の言葉「当たり前のことが，ずっと当たり前であるように。」に注目させて，次の発問をした。

**❻1日の生活のなかで，自分のいちばんの「当たり前」は何ですか。**

　全員に発言の機会を与えるために，グループ内での発表とした。

　・学校に来ること

　・ご飯をおいしく食べられること

　・友達と話したり，遊んだりすること

など，各自の「当たり前」が出された。

## 教材開発 1

●**教材** 伊藤忠商事　広告「Dear LIFE」　朝日新聞　2022年7月22日

|  |  |
| --- | --- |
| 06:15 | 目覚ましが鳴る前に目が覚める。 |
| 06:30 | 目覚ましが鳴る。 |
| 06:40 | 犬の散歩。 |
| 07:00 | 娘を起こす。朝食。 |
| 08:30 | 洗濯物を干す。 |
| 09:00 | お弁当屋さんのパートへ向かう。 |
| 13:30 | 昼食。 |
| 16:00 | 八百屋でスイカを丸ごと買う。 |
| 16:20 | クリーニングに出していた浴衣を取りに。 |
| 18:00 | 犬の散歩。なぜか季節ごとにコースが変わる。 |
| 18:40 | 夕食の支度を始める。 |
| 19:00 | 娘が帰ってくる。 |
| 19:20 | 家族で夕食。 |
| 21:00 | 夜風で風鈴が鳴る。心地いい。 |
| 22:30 | パートの日はゆっくりと湯船に浸る。 |
| 23:00 | ソファでテレビを見ながらうとうと。 |
| 23:20 | 就寝。 |

●**参考**　佐藤幸司編（2002）「平和とは？」『とっておきの道徳授業Ⅱ』(日本標準) p.99-102

**所見文例**

### ◆ この授業で この言葉を ◆

　平和について考えた授業では，当たり前に学校に来て勉強したり友達と遊んだりできることが平和な毎日であることを理解し，世界中のみんなが楽しく暮らせるようになってほしいという願いを発表しました。（道徳的諸価値の理解）

（山形県　佐藤幸司）

# 2. なんでも　おんなじ？
## ～絵本と一緒に考える友達の在り方～

<関連する主な内容項目>　　B　友情, 信頼

「友達とよりよい関係を築きたい」。これは, 多くの子が抱く思いです。昔も今も, 子どもだけでなく大人でさえも考えるテーマではないでしょうか。

　この絵本に出てくるソレルは, そうありたいと考えたときに直面する問題に悩む女の子です。絵本の世界を楽しめる年齢の子どもたちだからこそ, 登場人物と一緒になってこの問題に向き合います。友達の考えも参考にしながら, 正解のない問題の自分なりの納得解を探す授業です。

教材 ・絵本『なんでも　おんなじ？
　　　　"ふたりは　ともだち"』
コリンヌ・アヴェリス：作　スーザン・バーレイ：絵
前田まゆみ：訳（フレーベル館）

### ■ 絵本の世界に入り込んで考える

　絵本の世界に入り込み, 登場人物と同化して物語を楽しめる年齢だからこそ, 友達との関係に悩むソレルと会話する形で授業を進めていきます。「仲良しの友達どうしは, 違っていたらいけないでしょ？」「友達と『おんなじ』がよくてうそをつく気持ち, わかるでしょ？」というソレルの気持ちに対して, 返事をするように自分の考えを書きます。どちらも, 子どもたちが直面することの多い悩みです。ノートに書いた考えは級友と交流し, 友達の在り方について, いろいろな考えに触れられるようにしましょう。

### ■ 授業のまとめは2人に宛てた手紙

　ソレル, セージの2人と一緒に, 友達の在り方を考えた授業です。終末のまとめも絵本から切り離さないよう, 2人に宛てた手紙に自分なりの思いや考えを書きます。この手紙は, 本人の了解を得た上で掲示したり, 学級通信などに載せたりします。子どもたちにとって身近な友達関係について, 級友が何を感じ, 何を考えたのかを知る機会とします。

## 指導目標

　仲良しの友達同士の在り方に悩むソレルに対して，自分なりの考えをまとめ，級友と意見交換をすることで，友達との関係をよりよくしていこうとする意欲をもたせる。（道徳的実践意欲）

## 準備するもの

・絵本『なんでも おんなじ？〝ふたりはともだち〞』（概略を20ページに掲載）
・登場人物（ソレル，セージ）の絵
・手紙を書く便せん（配付用）

## 授業の実際

　3年生の6月に実施した授業だが，絵本を教材にしているので低学年でも実施可能である。初めに，絵本の題名の「おんなじ？」を隠して提示する。

### ❶これは，今日の授業で読む本の題名です。隠れている部分にはどんな言葉が入ると思いますか。

　・話せる
　・できる
　・相談できる
　・一緒

　子どもたちの考えを聞いた後，「ここには，『おんなじ』という言葉が入ります。でも『おんなじ』だけではなくて，『？』もついているのです。これは，どういうことを表しているのでしょうね」と話し，友達との関係性に意識が向くようにしてから読み聞かせを行った。
　まず，絵本の(A)を読み聞かせた。
　読み終えたら，黒板左端に「なんでもおんなじおともだちがいるって，しあわせでうれしい。」と書いた（板書を20ページに掲載）。
　「ソレルとセージは，とても仲良しな2人ですね。こんな2人は，絵本の最後にどうなっていると思いますか」
　「実は，絵本の終わりでソレルはこんなこ

とを思っています」と言いながら，黒板右端に【とてもしあわせでうれしかった。なんでもおんなじだいすきなおともだち】と書いた。
　黒板に書かれた文を読んだ子どもたちは，「よかった」「もっと仲良くなれたんだね」と，口々につぶやいていた。安心した子どもたちに，❷の発問を投げかけた。

### ❷これは，物語の最後のソレルの気持ちです。2人の間に，どんなことがあったのだと思いますか。

　・もっとうれしくなる2人の同じところを見つけた。
　・2人で協力してやり遂げる出来事があって，それが思い出に残った。

　子どもたちの予想は，プラスの経験を積み重ねたことによる変化だと捉える意見が多かった。
　予想を一通り聞いた上で，「では，どんなことがあったのか，読んでいきましょう」と言って，絵本の(B)を読み聞かせた。予想とは違う展開に，子どもからは「あれ，大丈夫かな」などのつぶやきが聞こえた。
　黒板左側にソレルの絵を貼り，次のように問いかけた。

### ❸仲良しの友達同士は，違っていたらいけないのでしょうか。

　「違ってはいけない」「違ってもいい」のどちらを選び，なぜそう考えたのかをノートに書かせた。

┌────── ここでLevel Up! ──────┐
　友達との関係に悩むソレルをより身近な存在として感じられるように，教師の問いかけをソレルからの問いかけとして提示したい。黒板にソレルの絵をはり，問いかけを吹き出しで囲むようにする。
└────────────────────────┘

　より多くの考えに触れられるように，隣同士・前後・斜めの友達と意見交換（疑問に感じた点・自分と異なる意見には質問をして考えを深める）をする。その後，全体に向けての

発表では次のような意見が出た。

**違ってはいけない**

- 違うところがあると，それまでのように仲良しではいられなくなると思う。

**違ってもいい**

- 友達と違うところがあるから，自分にはないものを教えてもらえる。
- 一人一人，同じはずはない。
- 違うところがあっても，大切な友達に変わりはない。

「違ってはいけないと思っているソレルは，その後どうしたのでしょうか」と話し，絵本の(C)を読み聞かせた。

読み終えたところで黒板中央に発問❹を書き，❸と同様の形式で子どもたちに問いかけた。

## ❹友達と「おんなじ」がよくてうそをつく気持ち，わかりますか。

「わかる」「わからない」のどちらを選び，なぜそう考えたのかをノートに書かせた。

❸と同様に，隣同士・前後・斜めの友達と意見交換をする。その後，全体に向けての発表では次のような意見が出た。

**わかる**

- 友達との話についていけなくなるのがいやで，知っているふりをして話を合わせたことがある。
- 仲の良い友達と話が合わなくて，その友達がほかの子とおしゃべりしていたら寂しい。だから，わからなくても話を合わせたことがある。

**わからない**

- うそをついてまで同じにしなくてもいいと思う。
- うそがばれてしまったら，友達からの信頼がなくなってしまいそうでいやだ。

「うそをついてしまったソレルと，お泊まりができなくてため息をついているセージ。本当に仲良しでいられるのでしょうか」と話し，絵本の(D)を読み聞かせた。

より仲が深まった2人の結末にほっとする子どもたち。そんな様子を見ながら，「ちがうこともいっしょに【わけあえて】，きもちがわかりあえた。」（p.23の8行目）というソレ

ルの言葉の【　　】を隠した状態で提示し，次のように問うた。

## ❺ソレルのセリフの隠れている部分には，どんな言葉が入ると思いますか。

- 楽しめて
- 大事にできて
- 大切にして

子どもたちから出てこなかったので，【わけあえて】を提示し，❻のように尋ねた。

## ❻「ちがうこともいっしょにわけあう」とは，どういうことを言いたいのだと思いますか。

2人の挙手があったので，指名して発表させた。

- 違うところを2人で楽しむこと。
- 2人が違うところを出し合えば，2倍楽しめるのだと思う。

2つめの意見が出たところで，「ああ，なるほどわかる！」「確かにそうだ！」という声があがった。

みんなでこの考えに共感したところで，次のように尋ねた。

## ❼2人のことをどう思いますか。みんなは，どんな友達でいたいですか。

違うところもあるからこそ，より仲が深まった2人の物語を知り，どう感じたのか。また，今後友達とどのような関係を築いていきたいのかを，2人に宛てた手紙形式で書かせた。

**ここで Power Up!**

本時のまとめとなる問いかけも，これまでと同様に2人と会話するような形にすることで，子どもたちも違和感なく書くことができる。

子どもたちの感想の一部を20ページに載せている。友達と同じでありたいという思いや，違っていたくないから話を合わせたことがあるという経験をあげながら書く子が多かった。

# 教材開発 2

●板書

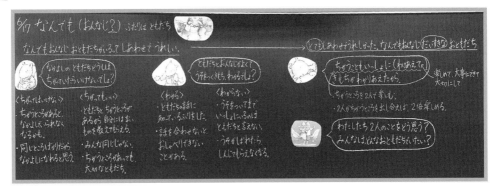

●絵本 『なんでも おんなじ？ "ふたりは ともだち"』(コリンヌ・アヴェリス：作 スーザン・バーレイ：絵 前田まゆみ：訳 フレーベル館) の内容

(A)りすのソレルと友達のセージは，好きな歌からしっぽの模様まで，なんでもおんなじです。ソレルは，なんでもおんなじ友達がいることを幸せに感じていました。(最初〜p.4の5行目まで)

(B)けれども，セージのお家に泊まりに行ったとき，ソレルは2人のおうちが全然違うことを知ってしまいます。仲良しの友達同士に違うところがあってはいけないと思うソレルは，自分の家に泊まりに来たいと言っていたセージを呼ばないでおこうと決めました。(〜p.13まで)

(C)その日から，ソレルはセージに対して何度もうそをついて，自分のおうちに来られないようにしてしまいます。(〜p.18まで)

(D)そんなある日，2人がかくれんぼをして遊んでいると，ピンク色の花びらが飛んできます。その花びらに誘われるように走っていくと，そこはソレルのおうちでした。自分と違うおうちに住むソレルに対して，違っているからいいということを伝えるセージ。その言葉を聞いたソレルは，違うところも一緒に分け合えば，気持ちがわかり合えるということに気づき，とても幸せな気持ちになります。(〜最後まで)

●子どもたちが手紙形式で書いた感想

・同じところだけではなくて，違うところもちゃんとわかってあげられる2人は本当の友達だと思うよ。私も親友といえる友達がいるから，その友達のいろいろなところを大切にして，今よりもっと仲良くなりたいです。

・ぼくは，友達と話しているときに知らないことがあっても，知っているように返事をしてしまうことがあります。ソレルの話を聞いていて，すごく気持ちがわかりました。知らないことを，知らないっていうのはすごく勇気がいるけど，ぼくも今度から正直に話してみます。そして，ソレルとセージのように本当に仲の良い友達をつくりたいと思います。

| 所見 文例 | ◆ この授業で この言葉を ◆ |
| --- | --- |
| | 友達との関係について考えた授業では，級友との交流を通してよりよい関係を築くために大切なことを学び，自分なりの言葉で表現することができました。(自己を見つめる) |

(神奈川県 佐藤浩太郎)

# 3.弱いロボット

<関連する主な内容項目>　A　善悪の判断，自律，自由と責任

　これからの未来，ますますテクノロジーと人間が共存する世の中になっていくと予測されています。「弱いロボット」はごみを拾えなかったり，話す内容を忘れてしまったりする弱さのあるロボットです。便利で高い性能をもつものほど，生活を豊かにしてくれるのだと人間は思いがちです。「弱いロボット」は不便で低い性能なのに，私たちに大切な何かを伝えてくれます。「何かをしてくれる存在」のロボットとどうつきあっていけばよいかしっかりと考えてほしくて，「弱いロボット」の授業を創りました。

教材
- 『弱いロボット』岡田美智男：著（医学書院）
- YouTube動画「"弱いロボット"が育む優しい心【SDGs 2030年の世界へ】」
- 投書「つくろう　弱いロボット」
時原佑奈　中日新聞　2022年4月25日

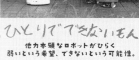

### ■「どんなロボットだと思いますか」の問いから興味・意外性をもつ

　授業の前半では，便利で高い性能をもつといった"ロボット"に対する一般的な概念が「弱いロボット」によって砕かれます。意外性のある題材で興味を刺激され，子どもたちはロボットとの共存について考え始めます。

　ここで，6年生の投書記事を提示します。「弱いロボット」が「私たちは自律したい」という気持ちにさせてくれることに気づかせてくれます。

### ■ ロボットとの生活から自律へ

　1999年に「AIBO（アイボ）」が発売され，ロボットは急速に私たちの生活の中に入り始めました。ロボットは家事や介護現場，物流，工業などで貢献するとともに，ペットのような存在としても浸透し始めています。

　正確で効率的な利益をもたらしてくれる半面，ますます人と会わない生活が進むといった課題も出てくるのではないでしょうか。ロボットに頼りすぎたら不利益があることも気づかせ，自分で考えて責任のある行動をしようとする気持ちを育ててください。

## 指導目標

　私たちはロボットとどう関わっていけばよいのかを考えることを通して，自律的で責任のある行動をしようとする態度を育てる。（道徳的態度）

## 準備するもの

・書籍『弱いロボット』
・YouTube動画「"弱いロボット"が育む優しい心【SDGs 2030年の世界へ】」
・教材　投書「つくろう　弱いロボット」（24ページに掲載，配付用）

## 授業の実際

　　　　　　　授業開始とともに，左の表紙画像をスライドに映して提示した。
　　　　　　　子どもたちは「弱いロボット」と，声に出して読んでいた。
　　　　　　　次の発問をした。

### ❶どんなロボットだと思いますか。

　子どもたち数人に答えさせたところ，
　・力が弱いロボット
　・すぐに故障するロボット
　・優しいロボット
などがあがった。発表を聞いた後，
　「実は，"自分ではごみを拾えないロボット""自分から話し始めたのに，話す内容を忘れてしまうロボット"なのです」
と伝え，「弱いロボット」の様子がわかるYouTube動画を流した（約2分）。動画では，落ちたごみに気づいているロボットが自分で拾わず，人間にごみを入れてもらうと，「モコモコ」と伝える様子がある。
　また，「今からね　桃太郎をね　話すよ」と言っているのに，途中で話が止まって困るロボットの様子が見られる。
　視聴後，次のように聞いた。

### ❷普通，ロボットは人間を助ける存在ですが，「弱いロボット」は私たちにとって必要なのでしょうか。

　必要だと思う人は「○」，必要ではないと思う人は「×」をワークシートに書かせた。人数を確かめ，数人に理由を発表させた。
○…26人
　・人間の優しさを引き出すから必要だ。
　・思わず助けたくなるから，あったほうがいい。
　・かわいいから心が和む。あったほうがいい。
×…3人
　・人間同士でやり取りするほうが大切だ。
　・人間が結局，行動しないといけないから必要ないと思う。
　両方の意見を共感的に受け止めて，
　「弱いロボットについて，小学校6年生が意見を述べた記事を見つけました」
と言い，記事の題名を一部伏せて提示した。

　　　　　　　　　　　　　　　弱いロボット

### ❸□□□□□□にどんな言葉が入ると思いますか。

　ペアで交流させた後，数人を指名したところ，「かわいい」「いらない」という発表があった。その後，「つくろう」という言葉であることを知らせ，
　「どういう意味なのでしょうか」
と投げかけた上で，新聞記事を配付した。スライドでも新聞記事を提示し，ゆっくりと読み聞かせていく。「つくろう　弱いロボット」とはどういう意味なのか，ペアで交流させた後，意見を発表させた。
　・弱いロボットもいないと，人間のためにならないという意味だと思う。
　・弱いロボットがいたら，手伝ったり教えたりできるから必要だ。
　子どもたちの発表を聞いた後，
　「では，弱いロボットは，人のためになるという意味なのですね」
と言いながら，教師が提示した新聞のスライドに線を引いた。

> 弱いロボットなら人のためになります。

### ❹新聞を読んで，あなたが「なるほどなあ」と思ったところはどこでしょうか。

ペアで交流しながら，線を引かせた。数人に発表させた。

・だらだらと過ごしたくはないに線を引きました。私も同じようにだらだらと過ごしたくない気持ちになったからです。

・ロボットにたよりすぎないようにしたいですに線を引きました。人に頼ることが多く，自分の力でがんばりたいからです。

┌─── ここで Level Up! ───┐

投書を書いた6年生のどの言葉に共感するか意見を価値づけたいところである。

上記の子どもの発言は，「ロボットに頼らずに，自分も自律した生活をしていきたい」という思いが共通している。

└─────────────────┘

子どもたちの発表を聞いた後，
「先生は，ここがいいなと思いました」
と言って，次の文に下線を引いた。

> ロボットにたよりすぎないようにしたいです。

同じ箇所に線を引いた子からは，「あっ，同じだ」という声が聞こえた。

### ❺あなたはロボットが近くにあったら頼って，だらけてしまいそうですか。

次の4段階から，自分の考えに近いものを選ばせた。

```
4  とても頼って，だらけてしまいそう。
3  まあまあ頼って，だらけてしまいそう。
2  あまり頼らない。だらけない。
1  まったく頼らない。だらけない。
```

挙手で確認したところ，「4」を選んだ子

はいなかった。それぞれの選択肢から数名を指名して，それを選んだ理由を発表させた。

3　まあまあ頼ってしまう。
・便利なロボットがいると頼ってしまいそうだ。

2　あまり頼らない。
・だらけないように，自分で気づけるように注意していきたい。
・人のことも見て，困っている人がいたら助けたい。

1　まったく頼らない。
・今，ロボットを使うことがないので，だらけていないと思っている。これから使うことがあったら，慎重に使っていきたいと思う。

それぞれの理由を共感的に受け止めた後，次のように聞いた。

### ❻ロボットは今よりもっと身近な生活の中に入ってくると思いますが，これからの未来，私たちはどのように過ごしていけばよいのでしょうか。

自分の考えを書いた後，全員に発言の機会を与えるために，グループ内での発表とした。

・ロボットを必要なときだけ使っていくことが大切だと思う。周りと助け合って，ロボットをできるだけ使わないことで自分がちゃんとできる人になるのだと考える。

・ロボットは生活を便利にしてくれるから，上手に使っていきたい。使いすぎたら，人間にとってよくないことがわかった。

全員がグループ内での発表を終えたことを確認して，授業を閉じた。翌日，自主学習でロボットに関する調べ学習に進んで取り組んだ子どもがいた。内容を紹介し，子どもたちが問題意識をもち続けられるようにした。

┌─── ここで Power Up! ───┐

便利なロボットは，「何かをしてくれる」だけではなく，それによって「大切な何かを失う」場合もあることに気づき，自分を律する行動について考えさせたい。

└─────────────────┘

# 教材開発 3

●**教材** 投書 時原佑奈「つくろう　弱いロボット」　中日新聞　2022年4月25日

## つくろう　弱いロボット

時原　佑奈　小学6年
（愛知県新城市）

「弱いロボット」の研究に賛成です。

高性能なロボットはすごく便利で、人はたよりすぎてしまい、毎日をだらだらと過ごすようになってしまうかもしれません。私はだらだらと過ごしたくないし、運動不足にもなりたくないです。

弱いロボットは全てをしてくれるのではなく、たとえばごみが落ちていたら、知らせてくれるだけです。ごみは人が拾わないといけません。自分でごみを拾うと、その場所がきれいになります。このような弱いロボットなら人のためになります。

ロボットにたよりすぎないようにしたいです。どうしてもこまったことがあったら、お母さんに聞いたり、友達に助けてもらったりしたいです。

便利すぎるのは自分のためにならないので、弱いロボットの研究に賛成です。

## ●国語科との関連

　『新しい国語五』（令和2年度版　東京書籍）に「『弱いロボット』だからできること」という同じ題材を使った教材文が掲載されています。5年生を担任し，この教科書を使えるのであれば，関連させた指導が効果的です。

**所見文例**

### ◆ この授業で この言葉を ◆

　自立・自律について考えた授業では，便利で高い性能のロボットに頼りすぎずに，自分にできることを当たり前に取り組むことが生活を豊かにすることを理解し，人間同士で助け合えるように関わっていきたいという願いを発表しました。（自己の生き方）

（愛知県　藤髙英一）

# 4.情熱のQRコード
## ～モノづくりにかける技術者の思い～

＜関連する主な内容項目＞　C　勤労，公共の精神

コンビニエンスストアやレストランでの支払い，ウェブサイトのURL，商品・生産者情報，電車・イベントのチケットなど，私たちの生活のさまざまな場面でQRコードが使われています。現在では世界中に普及しているQRコードですが，開発者が日本人だということや特許使用が無料だということをご存じですか。

QRコード開発までの道のりを知り，モノづくりにかける技術者の思いに学ぶ授業です。

教材　・「情熱のQRコード」
（開発者の原昌宏さんに取材し，授業者が作成）

写真提供：デンソーウェーブ

### ■ QRコード開発物語

1992年，一次元コード（バーコード）は入る情報量が少ないため，大容量の二次元コードが研究され始めていました。大容量の二次元コードを実用化させるためには，いかに速く読み取り機がコードを認識できるかが鍵でした。

第一の難関は目立つ印（切り出しシンボル）を入れるアイデアにたどり着くまででした。その後，さらに大きな第二の難関，唯一無二の目印探しが待ち受けていました。行き詰まった原さんは「迷ったら手を動かす」という開発者の原点に戻り，世界中の文字をデータ化して調べる途方もない作業を続けます。誰もが無理だろうと思う逆転の発想でピンチを乗り越え，情熱のQR（Quick Response）コードを完成させたのです。

### ■ 学びを深め，広げる展開

授業後半には，サプライズで原さんご本人からの子どもたちへのメッセージを紹介します。
「人のためになる夢と好奇心，情熱をもってほしい。自分が開発したモノで世の中が変えられることはとても楽しい」と語る原さんの言葉が子どもたちの心に届きます。

その後，デンソーウェーブのウェブサイトを視聴します。校内での子どもたち自身の活躍を紹介して，実感を伴った価値の理解へとつなげ，実践への意欲化を図ります。

## 指導目標

　「QRコード開発」に込められた技術者の思いを知ることを通して，みんなのために働きたいという意欲を育む。（道徳的実践意欲）

## 準備するもの

・QRコードとバーコードの実物
・教材「情熱のQRコード」（28ページに掲載，配付用）
・動画「History of QRcode」（デンソーウェーブのウェブサイトから視聴）
・原さんからのメッセージ

## 授業の実際

　最初は，「中身当てクイズ」である。

### ❶これは何でしょう。今，世界中で使われています。

　封筒から提示用QRコードを少しずつ取り出しながら問いかけた。回答した子には，大きな拍手を送り，雰囲気を盛り上げる。
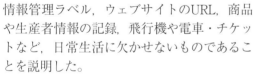
　答えは，「QRコード」であることを確認した後，お店の支払い，商品情報管理ラベル，ウェブサイトのURL，商品や生産者情報の記録，飛行機や電車・チケットなど，日常生活に欠かせないものであることを説明した。

　また，開発者は日本人であること，大変な苦労の末にできたものなのに使用料は無料であることを紹介した。初めて知った事実に子どもたちからは，「へえ〜」「すごい！」「どうして無料？」という声があがった。

> ┤ここでLevel Up!├
> 　クイズからの導入で，子どもたちの興味・関心を引き出し，楽しく全員が

> 参加できる授業にする。知的好奇心を喚起し，子どもたちの「なぜ？」という問いを引き出すことで，主体的な学びへとつなげていく。

### ❷QRコードの学習で，みなさんはどんなことを知りたいですか。

　次のような疑問が出された。
・どのように開発したか（契機を含む）。
・どんな人が開発したか。
・苦労や工夫はあったか。
・なぜ使用料を無料にしたのか。
　出された「疑問」をすべて板書し，
「疑問をもつのは，とても大事なことです」
と話した。

　ここで，教材「情熱のQRコード」を配付。
「QRコードはどのようにして開発されたのでしょうか。開発の物語を読んでいきます」
と話して読み聞かせた。途中，以下の解説を加えた。

> ①1次元コード
> 　情報は横方向だけで小容量であること。
> ②2次元コード
> 　情報は「縦×横」で大容量であること。
> ③3つの角に位置する「切り出しシンボル」
> 　コードの存在と領域を即座に認識でき，どの角度からでも高速で判別が可能。
>
> ④「切り出しシンボル」の黒枠と白枠の比率
>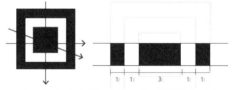
> どの方向から見ても，必ず黒枠と白枠の比率【黒枠：白枠：黒枠：白枠：黒枠＝1：1：3：1：1】になっている。
>
> デンソーウェーブのウェブサイト
> 「テクノロジー」→「QRコード開発ストーリー」
> 資料提供：デンソーウェーブ

　読み終えた後，発問❷で出された疑問は

「使用料を無料にした理由」以外は解決したことを確認して，次の❸を聞いた。

## ❸原さんは，なぜQRコードの特許使用料を無料にしたのでしょう。

最初に挙手をした子から，

「みんな（のため）に使ってほしいから」

という意見が出された。

「でも，有料にしてもいいんじゃないの。こんなに苦労したすごい発明なんだよ」

と問い返すと，

「有料では，みんなが使えないから。世界中の人に使ってほしいから無料にした」

「すごい発明だけで十分満足したのだと思う」

という理由が出された。

どの理由も納得できることを認めた上で，

「ある人からのメッセージがあります」

と話し，原さんご本人のメッセージを視聴した。サプライズメッセージに子どもたちは大喜びで，すぐに真剣に見入った。

要約

みなさんに伝えたいのは，まず常に夢と好奇心をもってもらいたいことです。好奇心をもつことで新しい知識が習得でき，知識を夢の実現に活用することで新しい物を作る原動力となります。

次に，すぐ諦めず夢を実現する強い情熱をもって努力してほしいことです。

最後に，人のためになる夢をもってほしいことです。たとえば，プロサッカー選手になる夢がある人はプレーで多くの人を感動させる，お金持ちになりたい夢の人は獲得したお金の一部を困っている人に使ってあげてください。人のためになる夢と情熱をもって取り組めば，周りの人が必ず協力してくれ，夢が叶います。ですから，みなさんも社会の発展に役立つ夢をもってがんばってください。

自分が開発したモノで世の中が変えられることは，とても楽しいですよ。

ここで Power Up!

ノンフィクション教材の強みは，作りものではない本物の迫力にある。今を生きる人に学ぶ授業では，可能なかぎりご本人の生の声を子どもたちに届けたい。

視聴後，「人のためにという夢と好奇心，強い情熱をもって」というメッセージを確認し，原さんは世界中のみんなに使ってもらえるようにと無料にしたことを伝えた。

## ❹QRコードの開発物語や原さんのメッセージで心に残ったことを書いて，話し合いましょう。

内容項目「勤労」に限定せず，「思いやり」「努力」「よりよく生きる喜び」など，多くの道徳的価値を考えさせるため，自由に話し合わせた。子どもたちからは，次のような意見が出された。

・自分じゃなくて，みんなのためにがんばったり，無料にしたりしたこと。
・人を助ける原さんの優しさ，思いやり。
・原さんが楽しいと言ったこと。
・原さんが誇らしそう，輝いていること。
・人のために努力するのはすてきなこと。
・諦めなかったこと（情熱や強い心）。
・周囲が無理と思う作業を続けたこと。
・新しいモノに挑戦したこと（勇気）。
・失敗から学んで，成功につなげたこと。
・うまくいかないとき，開発者の原点に戻って，怠けずに努力を続けたこと。
・迷ったときに行動する大切さ。
・「切り出しシンボル」というアイデア。
・日常のなかにヒントがあったこと。

## ❺デンソーウェーブのウェブサイトにある動画を見てみましょう。

誰もが使いやすいQRコードをめざし，安全性など，現在もさまざまな工夫で改良が続けられていることを紹介した。

最後に，実感を伴った理解，自己有用感につなげるために，子どもたち自身も児童会活動や学校行事，縦割り清掃・活動，地域子ども会などで，全校のために働き，みんなの役に立っていることを話して授業を終えた。

●**教材** 「情熱のQRコード」　※原昌宏さんへの取材により授業者が作成。

　　原昌宏さんは，大学卒業後，自動車部品や電子機器を作っていた日本電装（現デンソーウェーブ）に入社し，コンビニ・レジのバーコードスキャナなどの開発を行いました。原さんには，人のためになる世の中にない新しいモノを生み出す仕事をしたいという強い思いがありました。

　　1992年，原さんに自動車工場から「バーコード読取機を改善して欲しい。とにかく大変なので何とかしてくれないか」という一本の電話が届きます。現場を見た原さんは驚きます。工場には1日1000箱もの部品が入った段ボールが届きました。1箱10枚ものバーコードをスキャナで読むのに毎日1万回も作業が必要です。働く人たちが疲れ切っていました。横方向だけに入る情報は英数字20文字程度。バーコードでは種類・保管所・期日など，ぼう大な情報が入りきらず限界でした。当時，世界では縦方向にも情報を入れる横×縦で大容量の2次元コードが開発され始めていました。

　　原さんは，新しい2次元コードを開発したいと，会社に願い出ます。原さんの申し出は，「限られた予算で，2年以内で，2人でやる」ときびしい条件付で許可されました。それでも原さんは，大喜びで開発をスタートしました。けれど始めてみると，2次元コードはスキャナが背景の文字や模様からコードを素早く区別できず，読み取り時間がバーコードの20〜30倍もかかりました。いくら考えてもいい案が浮かばず，あっという間に1年以上が過ぎてしまいました。そんなある朝，電車から外を見ていると，一しゅん1つのビルだけがはっきり見えた気がしました。よく見ると，ビル最上階の窓に特徴があり，周りの景色からビルを区別できます。「これだ！」と背景からコードを区別する目印＝切り出しシンボルのアイデアがひらめきました。

　　しかし，ここからがさらに大変でした。読み取り速度を上げるには単純な形がいいのですが，同時に，世界中でたった一つの形でなければいけません。考えつくだけの案を出しますがうまくいかず，心が折れそうになりました。4か月後，「もうだめか」とあきらめかけた原さんですが，「迷ったら手を動かす。行動し続けていれば，たとえ失敗してもヒントが得られて次のステップにつながる」と思い直し，頭で考えていた作業をやめ，雑誌・新聞・チラシ・書類など，もう一人のチームの渡部さんと2人で，手あたり次第，世界中のあらゆる印刷物の活字を調べ，一文字ずつすべてデータ化したのです。「そんな途方もない作業を本当にやる？」と普通は思うような大変な作業を，原さんと渡部さんは3か月，励まし合いながら昼夜を問わず続けました。そして，ついに，世界でたった一つの黒枠と白枠の比率【黒枠：白枠：黒枠＝1：1：3】を発見したのです。

　　これが，3つの切り出しシンボルです。1994年，読み取り速度0.03秒，大容量で世界各国の文字に対応，汚れや破そんがあっても訂正できる世界初の2次元コードが完成しました。このコードは「Quick Response（素早い反応）」の意味でQRコードと命名されました。

**所見文例**

◆ **この授業で この言葉を** ◆

　　「人のために働く」をテーマにした学習では，困難を乗り越えてQRコードを開発した原昌宏さんの生き方から，自らも人のために働きたい，努力したいという思いをもちました。（自己を見つめる）

（新潟県　渡邉泰治）

# 5.平和のバトンをつなぐ

<関連する主な内容項目>　C　国際理解，国際親善

　私たちは，戦争のない平和な国に住んでいます。そのため，日常のなかで子どもたちが平和について考える機会は，あまり多くありません。この平和を「ありがたい」「素晴らしい」と感じて生きていきたいと思います。

　私たち大人は，平和のバトンを次の世代である子どもたちに引き継いでいかなければなりません。そんな思いから，この授業を行いました。

教材　・「『戦争なんて嫌』一番伝わる」
　　　　朝日新聞　2022年4月21日

　　　・『**おおきなかぶ**』A.トルストイ：再話　佐藤忠良：画
　　　　内田莉莎子：訳（福音館書店）

　　　・『**てぶくろ**』エウゲーニー・M・ラチョフ：絵
　　　　内田莉莎子：訳（福音館書店）

## ■ 平和について，さまざまな教材からアプローチ

　子どもたちのなかに「平和が一番」という気持ちを高めるために，「戦争はいけないことだ」「平和って素晴らしいことなんだな」など，いろいろな角度から考えられるよう，45分間にいくつも考えられるポイントを用意します。今回の授業では，①長谷川義史さんの願い，②戦争体験者の話，③ロシアとウクライナの絵本と，複数教材を使用しました。子どもによって，授業で印象に残るポイントは違います。コースは子どもそれぞれでも，最終的に「平和が一番素晴らしい」という思いにたどり着く授業を計画しました。

## ■ 子どもたちの幸せな未来へ

　戦争体験者である私の祖父は，戦争をした国の人と仲良くすることはありませんでした。でも，戦争を体験していない私は，戦争をした国の人に対して偏見をもってはいません。子どもたちにも，現代の平和な日本に生きているからこそ，他国や他国の人に対して偏見をもって大人になってほしくありません。将来，戦争をしていたロシアの人，ウクライナの人という，大くくりのまとまりではなく，その人個人を見るために，ロシアとウクライナの絵本に触れ，自分たちと変わらない同じ人間であるという思いをもってほしいと思います。

## 指導目標

　世界のどの国であっても子どもの幸せを願う親の気持ちは同じであることに気づき，わが国の平和に感謝の気持ちをもちながら，自分たちの時代も平和を続けて世界の人と関わっていきたいという気持ちを高める。（道徳的心情）

## 準備するもの

・教材「『戦争なんて嫌』一番伝わる」（32ページに掲載，配付用）
・絵本『おおきなかぶ』（提示用）
・絵本『てぶくろ』（提示用）

## 授業の実際

　最初に，
「今日は，平和について考えてみます」
と学習のめあてを伝え，次の発問をした。

**❶平和とはどんなときですか。
逆に，平和じゃないのはどんなときですか。**
　出された意見を板書で整理した。
平和
　・いろいろそろっていて，いつも通り生活できる。
　・戦争で人が死んだり，けがをしたりしない。
　・ニュースが明るい話題を放送している。
平和じゃない
　・学校に行けなくなる。
　・外に出られずに，隠れていなきゃいけない。
　・悪いニュースばかりで気分が暗くなりそう。
　子どもたちは，ロシアのウクライナ侵攻のニュースは知っている。一方，日常のなかでは戦争を模したゲームがはやっていて，ゲーム中と現実で人の命を軽く見ている発言が出ることもある。
　小学校中学年の年齢では，ゲーム（フィクション）の世界で起きている戦闘のイメージで考える発言が出る可能性がある。そこで，

まず「平和が幸せでいいものなのだ」という雰囲気をつくりながら進めていきたいと思い，次の発問をした。

**❷「平和」と「平和ではない」，どちらがいいですか。**
　もちろん，全員が「平和」と答えた。理由としては，
　・いろいろ必要なものがそろっている。
　・平和だから勉強ができるんだ。
　・ニュースで見る戦争している国の人は，表情が暗くて，大変そう。
という意見が出された。
　発表の途中，
「先生（私）のおばあさんは，『戦争中は，学校の勉強よりも，家の手伝いをしっかりしなさいと言われた』と話していましたよ」
と話すと，
「勉強のことを考えてないかもしれないけど，多分戦争のことを考えている。そんなのはいやだ」
と答える子どもがいた。

┌─── **ここで Level Up!** ───┐
　今の日本では，「平和」であることが当たり前に思える状態である。「平和じゃない」と対比して考えさせることで，平和のありがたみを実感できるようにしたい。
└──────────────────┘

　発表を終えたら，教材「『戦争なんて嫌』一番伝わる」を配付した。読み聞かせた後，「『ぼくがラーメンたべてるとき』（長谷川義史：作・絵，教育画劇）の本を読んだことがありますか」と聞くと，たくさんの子が「知っている」「読んだことある」と答えた。

**❸長谷川さんの話を聞いて，どんなことを思いましたか。**
　次の発表があった。
　・平和じゃないと絵本は楽しめないんだなと思った。
　・戦争のことを書いていない絵本でも，平和について考えられるんだ。

・戦争をしている国の子どもは，絵本をゆっくり読めていないのかな。

子どもから出された意見につなげて，

「今の日本は，絵本を読んで楽しめる平和な状況ですか」

と聞くと，子どもは口々に，「平和」「安心して本が読める」と言った。子どもたちは，「平和のほうがよいのに，なぜ戦争をするのか」という疑問をもったようである。

ここで，

「今日は，みんなに読んでほしい本を2冊持ってきました」

と言って，絵本『大きなかぶ』と『てぶくろ』の表紙を見せた。

子どもたちの間からは，

「読んだことがある」

「ロシアとウクライナって書いてある」

と声があがった。

「同じ人が書いたのですか」

という質問があったので，それぞれロシアとウクライナの民話であること，翻訳者が一緒であることを伝えた。長い話ではないので2冊続けて読み聞かせた後，次の発問をした。

## ❹この2冊は，私たちにどんなことを教えてくれますか。

・みんなで協力することが大切。

・みんなで仲良くした方がいい。

・人に優しくする気持ちが大切。

内容が理解しやすい本なので，次々と意見が出た。続けて，次の発問をした。

## ❺ウクライナやロシアのおうちの人は，どういう気持ちで，このお話を子どもに聞かせていたと思いますか。

子どもたちからは，次の意見が出された。

・みんなと協力するといいよって教えたかった。

・いろんな子と仲良くしてほしい。

・人にやさしくできる子になってほしい。

発言が出尽くしたところで，次のように子どもたちに話した。

「とても悲しいことですが，今，ロシアとウクライナで戦争が起きています。でも，そ

のロシアとウクライナには，こんなにも優しい絵本があって，日本の子どもたちもたくさん読んでいます。このことをみなさんはどう思いますか」

しばらくして数名の挙手があったので，指名して発表させたところ，

・心の底ではみんなと仲良くしたいと思っているはずだ。

・国から言われて仕方なくやっている人も多いと思う。

---

**ここでPower Up!**

世界の平和のために，子どもが即実践できることは少ない。大切にしたいのは，いろいろな国の人々のよいところに目を向け，親しみと関心をもつことである。それが，将来にわたって国際親善の態度を養うことにつながっていく。

---

ここで，私が子どものころ，戦争経験のある祖父から聞いた話をした。以下の内容である。

・戦争中は，自分たちが正しい国で，相手が悪い国だと思っていた。

・戦争には本当は行きたくなかったけれど，家族のためにと思い，仕方なく行った。

・平和な世の中が続いて，子どもや孫には世界中の人と仲良く過ごしてほしい。

子どもたちは，とても真剣な表情で聞いていた。

## ❻今日の道徳で，考えたことを書きましょう。

子どもたちは，たとえば次のように書いた。

・戦争が悪いだけで，ほかの国の人と仲良くしていきたい。

・その国ってだけでだめだと決めつけずに，本人のよさを見るようにしたい。

最後に，

「環境問題など，将来のみんなにはいろいろ解決すべき課題がありますが，自信をもって受け継げるのが『平和』です。みんなの時代も，平和を大切にしていってください」

と話し，授業を終えた。

●**教材** 「『戦争なんて嫌』 一番伝わる」 朝日新聞 2022年4月21日

# 「戦争なんて嫌」一番伝わる

## 絵本作家の長谷川義史さん

ユーモラスな作風で平和についての作品も手がけてきた絵本作家の長谷川義史さん（61）に、絵本に込める思いを聞いた。

◇

同じ地球、同じ時間に、楽しく過ごしている子もいれば、命の危険にさらされている子もいる。『ぼくがラーメンたべてるとき』は、それを想像してほしいという思いで作りました。

ワハハと笑う楽しい絵本も、平和についての絵本も、込めている思いは同じです。せっかく生まれてきたからには、自分の意思で、自分の夢を追いかけて生きていきたい。でも、平和じゃないと、それは覆されてしまう。絵本を読んで笑っていられるためには、平和な世の中じゃな

いといけないんです。だから、僕の絵本の根底にはいつも「平和な世の中で、自由に生きていきたい」という同じ思いがあります。

今、こういう状況だからこそ、絵本の力は大きいと僕は思っています。戦争で人の命が奪われ、命を奪う側の人権も奪われる。兵隊さんは命令されてやっているわけですから。

こうした行為と正反対のものが、絵本やと思うんです。「生きててよかったね」とか、「人を大切に思いたいね」とか、優しさや希望や夢ということが、どの絵本にも表現されている。

僕にとっても、「戦争なんて嫌だよね」ということを一番伝えられる方法は、絵を描き、絵本を作ること。だから、変わらずそれをやっていきたい。

---

**所見文例** ◆ **この授業で この言葉を** ◆

平和について考えた授業では，普段あまり考えなかった平和の素晴らしさを理解して，これからもずっと平和が続くように，世界のいろいろな国の人と仲良く接していきたいと記述しました。（道徳的諸価値の理解）

---

（愛知県　栁田一帆）

# 6.給食が届くまで

<関連する主な内容項目>　B　感謝

　目の前に給食が届くまでには，いったいどのくらいの人が関わっているのでしょうか。調理員さん，栄養士さん，農家さん，運んでくれる人……数え上げたら切りがありません。子どもたちが毎日食べている給食は，多くの人たちの努力や苦労を経て，目の前に届けられているのです。

　しかし，多くの子どもたちは，そんなことを考えることもなく食べています。一度考えてみることで，子どもたちが感謝の気持ちをもって給食を食べるきっかけになります。

教材　・**YouTube 動画「給食センターの1日」**

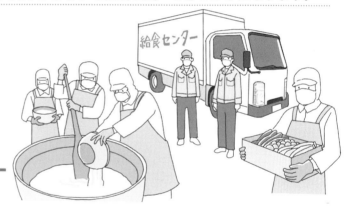

## ■ 毎日目にしていて毎日食べている給食への見る目が変わる

　「誰がどんなことをしてくれているから，目の前に給食が届いているのか」をみんなで考えます。みんなで出し合い，その結果みんなの意見でいっぱいになった黒板を見て，「こんなにたくさんの人ががんばってくれているおかげで給食が届いているんだ！」と驚きます。毎日目にしていて，毎日食べている給食を見る目が変わります。感謝の気持ちをもてるようになります。

## ■ 食の問題はデリケート

　食の問題はデリケートです。食物アレルギーもあります。もともと食の細い子もいます。家では「嫌いなものは食べなくてもいい」と言われている子もいるかもしれません。この授業をしたからと言って，全員ががらりと変わるわけではありません。

　しかし，授業後にちょっとした変化があれば，見逃さないでいたいです。「苦手なものも一口は食べられるようになった」「食事の準備を手伝うようになった」などです。また，行動は変わらなくても内面は変わっているかもしれません。それぞれの子の食に関する意識の高まりを認めてください。

## 指導目標

　毎日食べている給食が届くまでには，多くの人の苦労があることを知り，感謝して食べようという心情を育てる。（道徳的心情）

## 準備するもの

・給食の写真（提示用）
・クラスの子どもたちの集合写真（提示用）
・YouTubeの動画が見られる大型モニター
・手紙を書く便せん（配付用）

## 授業の実際

　「もうすぐおいしい給食の時間ですね」と話し，給食の写真を提示した。

　提示した瞬間に，「あっ，昨日の給食だ」という声があがった。
　「おいしかった」「昨日は，完食した」「ブロッコリー残しちゃった」などといろいろな話が出てきた。
　給食の写真を黒板の左端にはり，次のように聞いた。

❶この給食は，誰の手も使わず魔法のように「ポンッ！」と出てきたのですか。
　子どもたちからは，
　・違う。
　・作ってくれる人がいる。
　・給食センターで作られている。

　・運んでくれる人もいる。
　・農家の人もいる。
　・給食当番が準備してくれる。
という意見が出た。
　誰かが何かをしてくれたから目の前に給食が置かれるということを確認した後，クラスの子どもたちの集合写真を黒板の右端にはり，さきほどの給食の写真との間を矢印で結んだ。

　そして，次のように発問した。

❷誰がどんなことをしてくれているから給食は目の前に届くのでしょうか。
　子どもたちからは，次の意見が出た。
　・給食センターの人が作ってくれた。
　・お友達が運んでくれた。
　・先生がよそってくれた。
　・配膳員さんが運んでくれた。
　・メニューを考えてくれる人がいる。
　・野菜を作ってくれる人がいる。
　・漁師さんが魚をとってくれる。
　・トラックの運転手さんが運んでくれた。
　・給食当番が準備してくれた。
　・お店の人が食べ物を売ってくれた。
　・おうちの人がお金を払ってくれた。
　出た意見を矢印の下に，左から右へ時系列で板書していった。
　黒板がいっぱいになったところで，次のように発問をした。

❸これを見て，どれにいちばん驚きましたか。
　子どもたちからは，次の意見が出た。
　・野菜を作っている人は，考えなかった。
　・運転手さんは気がつかなった。そう言えば，給食のトラックが学校に入ってくるのを見たことがある。
　・おうちの人がお金を払ってくれているってことは考えなかった。

この問いによって，自分では考えつかなかった友達の意見に目が向く。そして，自分の意見と友達が出した意見とを比較して考えることができるようになる。

❹ **全体を眺めて，何か気づいたことはありますか。**

子どもたちからは，次の意見が出た。
・こんなにいっぱいの人がいる。
・みんながわたしたちの給食のために協力している。
・こんなにいっぱいの人ががんばってくれているから，おいしい給食が食べられる。
・いっぱいの人に感謝して食べたい。
・作ってくれる人にありがとうって言いたい。
・感謝して完食したいし，準備とか後片付けとか，ぼくもいっぱい働きたい。

この後，
「今日は，給食が実際にはどうやって作られているのかを見てみましょう」
と話し，「とよはし学校給食チャンネル『給食センターの1日』」という動画を見た。

視聴後，子どもたちに感想を求めたところ，
・調理員さんたちががんばっている。
・こうやって作っているんだと初めて知った。
・給食を作るのは，すごく大変そうだった。
・たくさんの人の給食を作っていて，すごい。
・朝早くから働いていることがわかった。
・残さないで食べたい。
という発表があった。

**ここで Power Up!**

低学年の子どもには，言葉だけでは想像することが難しい。だから，実際に給食を作っている映像を見せることで，「こんなに大変なんだ」「たくさんの人ががんばって作ってくれているんだ」ということを感じとらせ，目標である「感謝」の心に導くようにする。

❺ **今日は，（板書を指して）このなかから「この人に書きたい！」という人を選んで，「ありがとう」の手紙を書きましょう。**

誰に手紙を書きたいかを挙手で確認したところ，
・給食センターの調理員さん…20名
・農家さん…9名
・トラックの運転手さん…4名
・漁師さん…1名
という人数だった。

以下，子どもたちが書いた手紙をいくつか紹介する。

**ちょうりいんさんへ**
いつもおいしいきゅうしょくをありがとう。のこさずにたべるよ。

**ちょうりいんさんへ**
ぼくは，どうとくできゅうしょくのことをべんきょうしました。ぼくは，きゅうしょくがだいすきです。ちょうりいんさんが，がんばってくれるおかげでいつもおいしいきゅうしょくがたべられます。ありがとうございます。

**やさいをつくってくれるのうかさんへ**
おいしいやさいをつくってくれてありがとう。これからもがんばってね。

**うんてんしゅさんへ**
いつもきゅうしょくをはこんでくれてありがとうございます。うんてんしゅさんが，はこんでくれるからきゅうしょくがたべられます。

**りょうしさんへ**
いつもさかなをとってくれてありがとうございます。ぼくは，さかながだいすきなので，これからもがんばってください。

書いた手紙は，学校の栄養教諭に頼んで，給食センターなどに届けてもらった。大変喜んでいただけたようだった。

**教材開発 6**

● **教材**　YouTube「とよはし学校給食チャンネル『給食センターの1日』」
https://www.youtube.com/watch?v=7cOPdAQpHtA

### 動画の内容

- 早朝，給食センターに業者が野菜や肉を届ける。
- 食材の下準備をする。
- 大きな鍋で調理する。
- できた料理を分けて，運ぶ。
- 午後になって，食べ終わった給食の容器が届けられる。
- 帰ってきた給食の食缶には，食べ残しが多くある。
- 食べ残しは，ごみ収集車に載せられる。
- 食器などを洗って，翌日に備える。
- 調理員さんからのメッセージ。「食缶が空になっていると嬉しいです」

※給食を作っている様子を紹介する動画がYouTubeにはたくさんある。長い時間で詳しく紹介
　されているものもあるが，低学年の集中力を考えると，短い時間のものを見ることをお勧めする。

● **板書例**

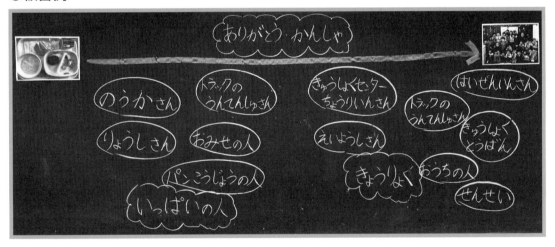

**所見文例**　◆ この授業で この言葉を ◆

　　給食が届くまでについて考えた授業では，毎日食べている給食が届くまでには多くの人の苦労があることを理解し，給食を作ってくれる調理員さんへの感謝の気持ちを手紙に書きました。（道徳的諸価値の理解）

（千葉県　飯村友和）

# 道徳授業で未来さがし

明るい未来が見えてきそうな勉強だね。

1. 平和とは？　2022
2. なんでも　おんなじ？
3. 弱いロボット
4. 情熱のQRコード
5. 平和のバトンをつなぐ
6. 給食が届くまで

「今年の漢字『戦』」に表されるように，2022年は，これからの夢や希望をなかなか思い描きにくい年でした。けれども，こんなときだからこそ，閉塞感から脱して前を向いて歩んでいかなければなりません。

子どもたちが，明るい未来を切り開いていくための道しるべとなる6実践です。

## 1. 平和とは？ 2022

「平和」の対義語は，何だろうか。辞書的にいえば，「戦争」が一般的な答えになる。すなわち，戦争のない状態が平和である。これが，大前提である。

では，今，戦争のない国で暮らしている私たちの平和とは何だろうか。その答えは，穏やかな日常のなかに自分で見いだすことができる。当たり前の日常に感謝しながら，「この平和な毎日を世界中に広げたい」という思いを子どもたちにもたせたい。

## 2. なんでも おんなじ？

絵本『なんでも　おんなじ？』を読むと，そこに「格差社会」の問題点がファンタジーの柔らかさで包みながらも鋭く指摘されていることに気づく。「2人のおうちが全然違うこと」を知ったソレルの心情を思うと，何ともやるせなくなる。

授業者は，発問❸❹で，ソレルの言葉として子どもたちに問いかける。登場人物からの発問である。子どもたちと登場人物との対話が生まれる。「違うところを2人で楽しむこと」という子どもの言葉に，格差社会問題を解決する糸口がある。

## 3. 弱いロボット

　まず，タイトルがユニークである。どんなロボットなのか知りたくなる。想像しただけで，ロボットへの愛着がわく。

　「AI（人工知能）によって仕事がなくなる」という話を見聞きすることがある。すると，子どもたちだって「将来の自分の仕事は大丈夫だろうか？」と不安に感じてしまう。しかし，科学の発達は人類の幸せのためにある。ロボットとどう関わっていくべきかを決めるのは，人間（自分自身）なのである。

## 4. 情熱の QRコード

　授業とは，「学習者がそれまでは知らなかった何ものかを知らしめる営みである」（宇佐美寛氏）。この授業記録を読み，私も初めて「QRコードの開発物語」を知った。今やあまりにも身近な存在になっているQRコードだからこそ，開発の道のりを知ったときの驚きは大きかった。

　この「驚き」をぜひ子どもたちと共有したい。そして，「常に夢と好奇心をもってもらいたい」という原さんのメッセージを子どもたちに届けたい。

## 5. 平和のバトンを つなぐ

　2022年2月に開始されたロシアによるウクライナへの侵攻以降，書店にはたくさんの平和に関する絵本が並ぶようになった。絵本作家の長谷川義史さんは，「『戦争なんて一番嫌』という気持ちが絵本によって伝わる」という。

　授業者は，絵本『おおきなかぶ』と『てぶくろ』を読み聞かせた後，祖父から聞いた「戦争体験」を子どもたちに話す。平和への願いは，未来を生きる子どもたちの心に確実に引き継がれていく。

## 6. 給食が 届くまで

　「日常のなかにある平和」という視点で考えれば，毎日給食が届くことは，間違いなく平和の象徴といえる。この授業では，そのありがたさを「目の前に給食が届くまでには，たくさんの人たちが関わっている」と気づかせることで伝えていく。

　授業者は，発問❸で友達の意見に注目させ，発問❹で給食に関わるすべての人に目を向けさせる。シンプルな構造的板書と発問とのマッチングが見事である。

（編者　佐藤幸司）

# 第2章

# 必見！最先端の
# 教材開発

第**2**章

必見！ 最先端の
教材開発

## 第2章の内容

# 1.カネテツの挑戦

<関連する主な内容項目>　C　勤労，公共の精神

　カニカマは，私たちの食卓に普通に並ぶ食品になりました。「本物のカニは価格が高く，なかなか手が出ない。でも，カニカマなら『本物のカニの味』を気軽に味わうことができる」そんなイメージをもっている方が多いかと思います。

　でも，カニカマの開発には水産資源の保護や食物アレルギーへの対応など，さまざまな思いが込められています。カネテツデリカフーズの商品開発の取り組みから，働くことの意義を考える授業です。

---

教材　・**「カネテツの挑戦」**
　　　朝日新聞2022年8月5日，6日

・**カネテツデリカフーズの広告「ほぼか，ほぼ以外か」**

資料提供：
カネテツデリカフーズ

## ■ 身近な食品の教材化

　授業では，まず「カニカマを食べたことがあるかどうか」を問います。身近な食品からの導入で，子どもたちの学習に対する興味・関心を高めます。教材は，魚肉練り製品の製造販売を行っているカネテツデリカフーズの商品開発秘話です。商品開発の創意工夫や努力はもちろんですが，食物アレルギーへの対応や地球環境への配慮などもされていることに驚かされます。

　子どもたちは，身近な食品をもとにして，勤労の精神について学ぶことができます。

## ■ アイデアのユニークさ

　そもそも「ほぼカニ」というネーミングがユニークです。「世界一ズワイガニに近いカニ風味かまぼこ」を表現できる言葉を考え，さまざまなアイデアのなかから選ばれたそうです。どんな仕事も楽ではありませんが，仕事の楽しさが伝わってきます。

　カネテツデリカフーズのウェブサイト https://www.kanetetsu.com/ では，「ほぼカニ」の開発秘話について動画を視聴することができます。ICT機器を活用して，楽しく学習を進めてください。

## 指導目標

　「ほぼシリーズ」開発にかけるカネテツデリカフーズの方々の思いに触れ，充実感をもって社会に役立つ仕事をしてみたいという心情を育てる。（道徳的心情）

## 準備するもの

・カニかまぼこ（実物または写真）
・教材「カネテツの挑戦」(44ページに掲載，配付用)
・広告「ほぼか，ほぼ以外か」

## 授業の実際

　最初に，
　「突然ですが，みなさんはカニを食べたことがありますか」
と尋ねたところ，
　　・食べたことあるけど，高いよね。
　　・カニ炒飯を食堂で食べたことがある。
　　・カニカマならときどき食べる。
という声が返ってきた。本時の題材であるカニカマがすぐに出されたので，ここでカニカマの写真を提示して，
　「カニカマを食べたことがある人？」
と問うと，ほとんどの子が手を挙げた。挙手をしていない子に聞いてみたところ，
　「食べたことはあると思うけれど，あんまり食べない」
ということだった。

### ❶みなさんの家では，カニカマをどんな食べ方をしますか。

　ほぼ全員が食べたことがあるので，列指名で順番に発表させた。
　　・サラダに入れて食べる。
　　・おなかが空いたときに，そのままぱくぱく食べる。
　　・炒飯に入れてカニ炒飯にする。
　　・卵とか野菜とかと一緒に炒めて食べる。
それぞれの家庭でカニカマをおいしくいた

だいているようである。

　たくさんの発言があり，雰囲気が和らいだ。
　ここで，
　「ところで，カニカマって何ですか」
と問いかけた。すると，
　　・カニの味がするかまぼこ
　　・本物のカニじゃないけど，カニの味がする食べ物
という返答があった。
　「なるほど……。本物のカニではないんだね」
と言って，広告を提示した。
　子どもたちは「ほぼか，ほぼ以外か」と声に出して読んでいた。

資料提供：カネテツデリカフーズ

### ❷この広告の言葉は，どういう意味なのでしょう。

　子どもたちからは，
　　・「ほぼ」はだいたいという意味だから，かなり似ている味という意味
　　・「ほぼ以外」というのは，広告の写真にあるように本物のカニということ
という意見が出された。
　「じゃあ，VSはどんな意味なの？」
と尋ねると，
　　・本物に負けない味にする。
　　・会社の広告だから，本物のカニに負けずに人気商品にするぞ！　という気持ちが込められている。
という返答があった。
　「みなさんの考えは，ほぼ正解です」
と話し，これはカネテツデリカフーズという食品会社の広告で，「ほぼシリーズ」の人気商品「ほぼカニ」であることを伝えて，次の発問をした。

❸ **カネテツでは，どんな考えから「ほぼカニ」を開発したのでしょうか。**

カネテツの人になったつもりで考えるように話すと，次のような意見が出された。

・カニは（殻があり）食べるのが大変だから，子どもやお年寄りでも簡単に食べられるものをつくりたかったから。
・カニは高くていつもはなかなか食べられないから，安くてカニの味がしておいしい商品をつくろうと思った。
・名前もおもしろいので，何かコンクールみたいなのをやったのかもしれない。

子どもたちの発表を聞き，「ほぼカニ」というネーミングは，社長さんが試食したときに，
「これ，ほぼカニやんか」
と言ったことがきっかけであることを伝えた。

ここで，教材「カネテツの挑戦」を配付して，**前半**を教師が範読した。

読み終えたら，
「『ほぼカニ』の開発を始めたきっかけは何でしたか」
と問い，「10年前，カニの不漁が目立つようになり，価格が高騰」であることを確認し，この部分にアンダーラインを引かせた。

❹ **開発のための努力で，これはすごい，なるほどと思ったことは何ですか。**

次の意見が出された。

・科学的に分析したこと。食べ物は，人が味わっていろいろ工夫すると思っていたので，これはすごい。
・和食料理人の指導を受けたこと。本物の料理人の修業みたいだ。
・研究もしたけれど，自分で実際に食べて確かめたこと。

次に，教材文の**後半**を読み，「シリーズ化」について話し合った。まず，「シリーズ化のテーマは，何ですか」
と問い，「食の困りごとを解決する」であることを確認し，【食の困りごと】と板書した。

❺ **「自分にはこんな『食の困りごと』がある」という人はいますか。**

元気な男子に，

「何か食事で困ることはありますか」
と聞いたところ，
「ちょっと野菜は苦手だけど特に好き嫌いとかはないので，そんなに困っていることはありません」
という返答があった。ほかの子にも好き嫌いについて聞いてみたところ，自分の苦手な食品がいくつか出された。

発表を聞いた後，食物アレルギーについて「説明（教材）」にあるように，たとえば，エビアレルギーの人でもエビフライを食べられるようにというねらいもあるのですね」
と話した。食物アレルギーは，個人のプライバシーに関わるので，子どもに発表させることは避けた。

ここで，教材の題名「カネテツの挑戦」に注目し，次のように聞いた。

❻ **カネテツでは，どんなことに挑戦したのでしょうか。**

・カニやエビとそっくりの味のかまぼこをつくろうとした。

という意見が，最初に出された。新商品の開発がまず考えられることを確認して，商品以外のことも考えさせた。すると，

・アレルギーでエビなどを食べられない人にもそのおいしさを知ってもらうこと。
・カニとかの高い食べ物をみんなが簡単に味わえるようにすること。
・イカの漁獲量のことも書いてあるので，地球の環境問題も何とかしたいという思いがある。

という意見が出された。

**ここでPower Up!**

商品開発は，企業の利益拡大を目標に進められる。しかし，仕事には人々の幸せや社会貢献につながるという尊さがある。話し合いを通して，その価値に気づかせる。

最後に，各自の情報端末でカネテツデリカフーズのウェブサイトの開発の様子などを見て，授業のまとめとした。

**●教材** 「カネテツの挑戦」

**前半**

　魚肉練り製品の製造販売を行うカネテツデリカフーズ（神戸市）の開発部長，宮本裕志さん（50）。

　「ほぼカニ」の生みの親だ。

　2012年，カニの不漁が目立つようになり，価格が高騰。そこで，本物が悔しがるような「世界一ズワイガニに近いカニカマ」をつくろうと開発をスタートさせた。

　本物を知るため，カニやエビを買いあさり，食べまくった。

　「仕事とはいえ，最初はラッキー。でも，長続きせずに飽き，苦痛になった」

　そこで，科学的なアプローチを試みた。カニのうまみ成分であるアミノ酸を理化学分析した。8カ月，100回近い試作を重ね，アミノ酸の数値を本物に近づけた。

　「うそ……。全然おいしないやん」

　カニそのものは薄味だ。机上の論理で再現すると苦味や臭さが際立ってしまった。

　方針転換した。「自分がおいしかったなって思った味を再現したらええんや」

　アミノ酸成分の組み合わせや比率を何度も変え，うまみを膨らませた。

　カニ身の口の中でのほどけ方にもこだわり，繊維の向きを分度器で測った。

　カニ酢も和食料理人の監修を受けた。　「カネテツの挑戦　上」朝日新聞　2022年8月5日より抜粋

**後半**

　カネテツデリカフーズは（神戸市）はその後，ホタテやいくらなどの「ほぼ」シリーズを世に放つ。累計販売量は6千万パックを突破し，同社の主力商品群に成長した。

　「次のほぼは何？」

　宮本裕志・開発部長は，そう聞かれることが多くなり，困った。「シリーズ化なんて全く考えていなかったので」

　期待にはこたえなければと，「食の困りごとを解決する」をテーマに掲げた。

　ホタテは価格高騰への対処に，エビフライはアレルギーの人でも食べられるように，カキフライは食中毒の心配がないように，とそれぞれ狙いをもって開発された。

　うなぎには絶滅危惧種の持続可能性を高めることに貢献したいとの思いを込めた。

　今月（8月）1日，公式通販サイトで予約販売を始めたのが「だいたいイカ」だ。

　イカも近年，海水温の上昇による生育環境の変化や他国漁船の取りすぎなどの影響で，2020年の国内漁獲量（約8万2千トン）は10年前の約3分の1に落ち込んだ。

　「だいたい」のネーミングには，おおよそイカみたいな味という「大体」と，海洋資源を守るために他のもので代えるという「代替」の二つの意味がかかっている。

　「カネテツの挑戦　下」朝日新聞　2022年8月6日より抜粋

**所見文例**　　◆ **この授業で この言葉を** ◆

> 　働くことの意義について考えた授業では，食物アレルギーや地球の環境問題の解決を考えて商品を開発している人の思いを感じとり，将来の自分が働く姿に結びつけて考えを発表しました。（自己の生き方）

（山形県　佐藤幸司）

# 2.コロナ禍で道を拓く

<関連する主な内容項目>　A　希望と勇気，努力と強い意志

　今回のコロナ禍は，まさにピンチの連続です。けれども，それを嘆くだけの人たちも多くいるなか，自らの行動によって道を切り拓いている人たちもいます。そういった姿は輝いて見えます。自分の行動一つで，状況を変えることができます。たとえピンチと思われる状況であっても，自らの知恵と行動によってチャンスにできるのです。

教材　・コロナによる困難を乗り越えようと
　　　　奮闘している事例

### ■ コロナに負けないで工夫している人の存在から勇気をもらう

　コロナ禍の今，「大変だ」ということにばかり私たちの目は行きがちです。それは，子どもにも伝わっています。教室の雰囲気が重くなりがちです。だからこそ，道徳の授業では，大変な状況に負けずに自分にできることをして道を切り拓いてきた人たちを紹介します。子どもたちは，勇気をもらえることでしょう。

### ■ 自分たちがしていることの意味に改めて気づく

　手指消毒や換気，人混みを避けるなどの感染症対策として続けていることに対して，いい加減になってきてしまっている時期に実施するとよいでしょう。
　授業では，改めて今自分たちがやっていることを振り返ります。
　自分たちはコロナに負けないために行動してきているのだと気づくことができます。自分たちがしている感染症対策の意味について改めて考えることができます。

## 指導目標

　困難なことが起きても，自らの知恵と行動によって，道を切り拓いていこうという心情を育てる。（道徳的心情）

## 準備するもの

・飢饉や災害，戦争，疫病の写真や絵（ウェブサイトで検索，大型モニターで提示）
・ワークシート（48ページに掲載，配付用）
・コロナによる困難を乗り越えようと奮闘している事例の写真と記事（ここでは，飲食店の弁当販売，部活動，オンラインレッスンを紹介した。48ページに掲載）

## 授業の実際

　「これまでに私たち人類は数えきれないほど多くの困難に直面してきました」
と話し，飢饉や災害，戦争，疫病の写真や絵を見せた。写真や絵は生々しくないものを選んだ。

**❶今現在も私たち人類は困難に直面しています。それは何ですか。**

　子どもたちからは，
　・コロナ
　・ウクライナとロシアの戦争
　・地球温暖化
という意見が出た。
　「どれも深刻な問題です。よく知っていますね。世の中のことに目が向いていて素晴らしいです」
とほめて，ここではコロナについて取り上げることを話した。

**❷今，人類という大きな言葉を使いましたが，人類を構成しているのは一人一人の人間です。では，このコロナ禍で具体的には，どんな人がどんな大変な思いをしてきていますか。**

　・私たち…熱が出て本当につらかった。

・お年寄りや病気の人…コロナに感染して，重症化しやすい。
・医療関係者…患者さんがたくさん来て大変。自分や家族も感染してしまうかもしれない。
・お店の人…お客さんがなかなか来てくれなくなった。売り上げが落ちる。
・スポーツ選手…思うように練習や競技ができない。
・みんな…今でもずっとマスクをしていないといけない。体育の授業とか苦しい。給食も黙って食べないといけない。

**❸このコロナによる困難はこれからもずっと続くと思いますか。それとも，もうすぐに終わると思いますか。**

　黒板に「ずっと続く」「すぐに終わる」と書いたスケールチャートを描いた。
　子どもたちは，ワークシートにそれぞれの考えを書き，黒板のスケールチャートに自分の名前の磁石をはった。

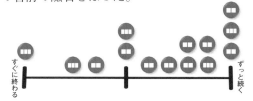

　全体的に見ると，「ずっと続く」側にマグネットをはった子の方が多かった。

┌─── **ここで Level Up!** ───┐

　「ずっと続く」「すぐに終わる」の2択ではなく，それぞれの考えの違いがわかるように，スケールチャートを使った。同じ「ずっと続く」でもどのくらい続くと思っているのか違いがわかった。また，後でもう一度同じ発問に答えることになっているので，考えの変容も目で見てわかるようになる。

└─────────────────┘

　理由を聞いた。
「ずっと続く」寄りの理由
　・まだたくさんの人が感染しているから。
　・感染者数は増えたり減ったりしていて，また増えるかもしれないから。

## 「すぐに終わる」寄りの理由

・ワクチンや薬が行き渡るようになるから。
・前に比べたら，いろんなことができるようになってきているから。

発表後，

「今日は，みんながさきほどあげたなかのいくつかの職種の人の様子を紹介します」
と話し，苦境に立たされながらも，自分の知恵と行動力で状況を乗り切ってきた人たちの様子について，写真を見せて記事を紹介した。

・飲食店の弁当販売
・高校の部活動
・オンラインレッスン

「今，紹介した以外にも，『こんな人がこんなことをしていたよ』というのを知っている人はいますか」
と聞くと，次の意見が出た。

・コンビニ…商品を買うときにお金を機械に入れるようにしている。
・お父さん，お母さん…テレワークをしている。
・先生…学校で座席を離したり，オンラインの授業をしたり，私たちのためにいろいろ考えてくれている。
・お店…触らないタッチパネルを使ったり，お金の受け渡しでトレーを使ったりしている。
・病院…オンライン診断。検査キットを郵送してくれる。
・みんな…マスクをしたり，手を消毒したりしている。

## ❹今先生が紹介したり，みんなが紹介してくれたりした人やお店に共通していることは何ですか。

次の意見が出た。

・オンラインを使うなど，これまでやってきたことと違うことをしている。
・密や接触を避けられるように工夫している。
・今の状態を何とかしようと工夫している。
・コロナに負けないで行動している。

ここで，再び発問❸「このコロナによる困難はこれからもずっと続くと思いますか。それとも，もうすぐに終わると思いますか」を

問い，ワークシートに自分の考えを書かせた。

意見が変わった子どもは，黒板のスケールチャートにはってある名前のマグネットを動かした。全体的に見れば，左側「すぐに終わる」に移動した子が多かった（1回目にはった状態で写真を撮っておき，それをスクリーンに映すと比較がしやすい）。次のような意見が出された。

・いろんな人が何とかしようと行動しているから，困難は克服できる。
・多くの人が，それぞれの場所で努力をしているからずっとは続かない。
・多くの人が努力をしているのはわかったが，まだしばらくは続く。
・これからも続くけれど，それに負けずにみんなでがんばっていけばいい。
・高校生みたいに，できることを一生懸命やっていれば，困難なことも乗り越えられると思った。
・考えてみると，コロナの初めのころは外にも出られなかったけれど，今は外にも出られるようになって，できることも増えてきたから，きっとこれからもっとよくなっていくと思う。

### ここでPower Up!

人々のがんばっている姿を情報として伝えた後，発問❸を再び問う。こうすることで，発問❸の理由として出た「ワクチンや薬，感染者数」とは異なる「人々の努力，工夫」ということが出るようになる。本時の目標とする部分に着目させることができる。

## ❺今日の授業で考えたことを書きましょう。

・コロナに負けないでがんばっている人がたくさんいることを知って，うれしくなりました。かっこいいと思いました。ぼくも自分にできることをがんばりたいです。
・コロナが始まってから今までの間に，たくさんの人ががんばってきたから，コロナはみんなで乗り越えられると思った。

## 教材開発 8

### ●ワークシート

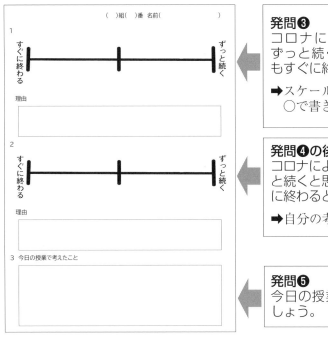

**発問❸**
コロナによる困難はこれからもずっと続くと思いますか。それともすぐに終わると思いますか。

➡スケールチャートに自分の考えを○で書き入れ，考えた理由も書く。

**発問❹の後に，もう一度**
コロナによる困難はこれからもずっと続くと思いますか。それともすぐに終わると思いますか。

➡自分の考えを書く。

**発問❺**
今日の授業で考えたことを書きましょう。

### ●コロナによる困難を乗り越えようと奮闘している事例

　　インターネットで検索すると，それぞれの記事を見ることができる。授業でこれらすべての記事を読み上げると時間がかかる。そして，内容的に中学年の子どもたちには難しい。これらの記事の中から必要な情報を教師がピックアップして，子どもの実態によっては解説を加えながら伝えるようにする。

・飲食店の弁当販売
「町がゴーストタウンみたいに…コロナ禍で奮闘する修善寺温泉街の弁当店『ただものではない』オンライン販売で危機脱出へ」「LOOK静岡朝日テレビ」ウェブサイト　2022年1月29日

・高校の部活動
「制限下部活ひと工夫　3年生『コロナに負けない』」　読売新聞オンライン　2022年5月19日

・オンラインレッスン　「コロナでオンラインレッスン急成長」　日本経済新聞　2020年7月19日

**所見文例**

◆ この授業で この言葉を ◆

　　コロナ禍における人々の努力について考えた授業では，コロナに負けないようにたくさんの人がさまざまな方面でがんばっていることを知り，自分にできることをしていきたいという思いを発表しました。（道徳的諸価値の理解）

（千葉県　飯村友和）

# 3.「ふつう」は何のため？

<関連する主な内容項目>　C　公正，公平，社会正義

　中学校・高等学校でのジェンダーレス制服の採用や校内での男女別出席番号の廃止など，LGBTQ＋を意識した取り組みが見られるようになってきました。兵庫県明石市では，2021年から「LGBTQ＋フレンドリープロジェクト」を実施しています。この一環として作成されたポスターは，私たちに「『ふつう』とは何か」を考えさせるものです。多様性の時代を生きる子どもたちにとって大切な学習です。

教材　・LGBTQ＋フレンドリープロジェクト
　　　あかし×ソジテツ®のポスター

資料提供：明石市

## ■一人一人を大切にする授業展開

　この授業では，一人一人の意見を大切にしたいという思いを学習活動にも反映しました。そのため，ポスターの問いかけについて学級全体で話し合うのではなく，まずは少人数グループで話し合う活動を取り入れています。また，話し合うテーマを子ども自身が選ぶことで個別最適な学びを実現しています。

## ■12月の「人権週間」と関連づけて

　法務省では，12月10日を最終日とする1週間を「人権週間」と定めています。その人権週間に関連づけて，指導することをお勧めします。さらに人権についての知見を深めるなら，谷川俊太郎さんがわかりやすく表現した「世界人権宣言」の資料（動画や絵本など）を扱うと，より効果的です。

## 指導目標

　自分とは違う考えや立場の相手に対して、差別をすることや偏見をもつことなく、一つの考え方や生き方として受け止める公平で公正な態度を養う。（道徳的態度）

## 準備するもの

・LGBTQ＋フレンドリープロジェクト
　あかし×ソジテツ®のポスター4種類
　「『ふつう』は何のためにある？」
　「多数決で数が多いほうが正しい？」
　「男の子は泣いちゃいけないの？」
　「女の子はメイクをしなくちゃいけないの？」
　（52ページに掲載、掲示用・配付用）

## 授業の実際

　はじめに、4枚のポスターを黒板に掲示した。ポスターのキャッチコピーは、以下のように一部見えないようにしておく。また、ポスターにA、B、C、Dをつけ、アルファベット順に並べた。

```
A 「＿＿＿＿」は何のためにある？
```

```
B 多数決で
  数が多いほうが ＿＿＿＿ ？
```

```
C ＿＿＿＿ は泣いちゃいけないの？
```

```
D ＿＿＿＿ は
  メイクをしなくちゃいけないの？
```

　子どもたちは、ポスターのイラストを見て気がついたことをつぶやいていた。つぶやきは教材への関心の表れである。肯定的にあいづちを打ち、落ち着いたところで次の発問をした。

## ❶ ＿＿＿＿ には、それぞれどんな言葉が入るでしょうか。

　どのポスターの言葉でもかまわないと話し、挙手した子から発表させた。

　Aのポスターは難しかったようだが、「平和」という意見があがった。

　Bは、「いいの」「正しいの」という意見があがり、Cでは「子ども」「男の子」、Dでは「大人」「女の子」と答えた子がいた。

　子どもたちの感性をほめ、実際の言葉を提示した。

```
A 「ふつう」は何のためにある？
```

```
B 多数決で
  数が多いほうが 正しい ？
```

```
C 男の子 は泣いちゃいけないの？
```

```
D 女の子 は
  メイクをしなくちゃいけないの？
```

　実際の言葉を知ると、子どもたちからは、「なるほど～」「当たっていた」などの反応が見られた。

　これらのポスターの趣旨を説明した（52ページ参照）。明石市のウェブサイトには、「問いかけにあなたならどう答えますか？まわりの人と考えてみましょう」と記載されていることを説明し、次の発問へとつなげた。

> **┤ここで Level Up!├**
> イラストをヒントに言葉を考えさせ、教材への興味・関心を高める発問である。どんな言葉が出ても、否定せず、できるだけ多くの言葉を受け止め、学級全体に寛容的な雰囲気をつくる。

## ❷自分ならどのように答えますか。

　まずは、それぞれの問いに対して自分なら

どのように答えるか，考えを書かせた。答えが書きやすいものから書いていいこととし，5分以上時間をとった。

その後，グループごとに話し合うことを伝え，話し合いたいテーマごとにグループづくりをした。多少の人数の偏りは許容範囲とし，できるだけ4つすべてのテーマのグループができるように調整した。

また，グループ協議を始める前に，発表者1名を決めておくように伝えた。

### ここでPower Up!

同じテーマでのグループをつくって話し合うことで，個別最適な学びが実現する。

子どもたちは，自らが選んだテーマについて互いに意見を交わし，より広い視点をもって多様性について考えていくことができる。

### ❸グループで出た意見を発表しましょう。

10分ほどグループ協議の時間をとり，発表の準備が整っているグループから発表させた。

A 「ふつう」は何のためにある？
・「ふつう」は人それぞれ違うから，みんなのためにあると思う。
・一人一人の「ふつう」があって，自分の「ふつう」を誰かに押しつけてはいけない。

B 多数決で数が多いほうが正しい？
・学校では，多数決で決めることが多いけれど，多数決で決めたときに，少数意見だった人たちが必ずしも納得しているかというと，そうではないし，多数意見が正しいとは言いきれない。
・多い意見に流されることがあるけれど，周りの人が言っていることがいつも正しいとは限らないし，それだけ自分の意見をよく考える必要があると思う。本当に大事なことは多数決じゃなくて話し合って決めるべき。

C 男の子は泣いちゃいけないの？
・泣いちゃうことに，男も女も関係ないと思う。よく，「男なんだから」って聞く

けれど，泣くことは感情の表れだから，それを「だめだよ」とするのはおかしい。だから，泣いてもいい。

D 女の子はメイクをしなくちゃいけないの？
・大人の女の人は確かに化粧をしている人が多いけれど，最近は，男の人用の化粧品が売られていたり，そういうことに興味がある男の人もいたりするから，化粧することが女の人限定のこととは思わない。女の人だって，化粧しない人がいていいと思う。
・これは女の人のものとか，男の人に限ったものだとか，そういう考え方が変わってきていると思う。女っぽいものが好きな男の人がいていいし，逆に男っぽいものが好きな女の人がいてもいい。

子どもたちの意見からキーワードを拾うように，板書で整理し，次の発問をした。

### ❹みんなの考えで，似ているところはどこでしょう。

しばらく考えた後，次の発表があった。
・どの考えも，一人一人を大事にしているようなところがある。
・決めつけないところ。
・どんな考えも許すというか，受け入れるところ。

発言が出尽くしたところで，「決めつけないところ」という意見に注目させて，次のように話した。

「ふつうは……という考え方を固定概念，ステレオタイプと言います。これらのポスターはみんなが言うように，ステレオタイプを捨てて，一人一人の考えを大切にしてほしいというメッセージが込められているのですね」

黒板には，次のように記した。

~~ステレオタイプ~~　　一人一人を大切に

最後に，授業の振り返りとして，自分が考えたことやこれからの生活につなげていきたいことをワークシートに書かせた。

 **教材開発 9**

●**教材** LGBTQ＋フレンドリープロジェクト

> **LGBTQ＋フレンドリープロジェクトとは**
> 　このたび，「明石市パートナーシップ・ファミリーシップ制度」がスタートする2021年1月をきっかけとして，このテーマをまちづくりのテーマと位置づけ，市と関係団体，事業者がみんなで一緒に継続的に取り組んでいく機運を高めていくために，「LGBTQ＋フレンドリープロジェクト」をスタートさせます。
> 　プロジェクトの一環として「明石にじいろキャンペーン」の期間を設けて，ポスターやステッカー，レインボーフラッグの掲示などを含め，まちを挙げた周知を目指します。　（明石市ウェブサイトより）

**あかし×ソジテツ®のポスター**

「ふつう」は何のためにある？

多数決で数が多いほうが正しい？

男の子は泣いちゃいけないの？

女の子はメイクをしなくちゃいけないの？

資料提供：明石市

◆ **この授業で この言葉を** ◆

> 　公正，公平について考えた授業では，自分が「ふつう」と捉えていることが，ほかの人にとっては異なることがあると気づき，これからは，同じことが当たり前ではなく，違うことが当たり前であることを意識したいという考えをもちました。（自己を見つめる）

（千葉県　峯尾　唯）

# 4. トトロや私たちが 困らないようにするために

<関連する主な内容項目>　D　自然愛護

　喫緊の今日的課題の一つに環境問題があります。しかし，地球温暖化や食品ロスなど，低学年の子どもたちには難しい内容です。「持続可能な社会」「SDGs」といった言葉も，子どもたちにはなかなか理解しがたいものがあります。

　そんな難しいけれど大切な問題を低学年の子どもたちにもわかりやすく，楽しく学ぶことができ，自然を大切にしようとする意欲を高める授業です。

教材　・**井村屋のあずきバーと箱の写真**
　　　・**ごみや環境問題の写真**

写真提供：井村屋

■「**あずきバー**」「**人気アニメ映画の主人公**」　**興味のわく題材で学習意欲向上**
　　導入から，あずきバーの写真を提示します。食べたことがあるおいしいアイスに子どもたちのテンションは一気に上がります。さらに，人気のアニメ映画の主人公も登場します。子どもたちの興味のわく題材で，学習意欲もアップします。

■ **環境問題を楽しくわかりやすく**
　　環境問題の授業では難解な語句や社会の仕組みなど，子どもたちにとってなじみのない知識が要求されます。この授業ではクイズを行い，子どもたちが楽しくわかりやすく環境問題について学びます。給食の残菜や資源回収など，自分ができる環境問題対策を考え，日常生活での実践に結びつけてください。

## 指導目標

　環境問題に関心をもち，環境を守るために，自分にできることを進んで行う意欲を育てる。（道徳的実践意欲）

## 準備するもの

・あずきバーと箱の写真
・ごみがあふれている写真
・森林伐採の写真
・教材「環境問題○×クイズ」（56ページに掲載）

## 授業の実際

　授業の最初に，井村屋のあずきバーの写真を見せた。

### ❶食べたことある人？

写真提供：井村屋

　たくさんの子どもたちの手が挙がった。口々に「おいしい」「大好き」「甘くて冷たい」「とっても硬い」などの感想が聞こえてきた。
　次に，あずきバーの箱の写真を文字の部分を隠して見せた。

### ❷隠れたところに，何と書いてあると思いますか。

　挙手指名で発表させた。「おいしいよ！」「硬いから気をつけて」「また買ってね」などの意見が出た。
　続いて，さきほどの写真の隠した文字の2行目「ありがとうございます。」だけを見せて同じ発問をした。
　子どもたちからは，「買ってくれて，ありがとうございます」「残さず食べてくれて，あ

りがとうございます」「また買ってくれて，ありがとうございます」などの意見が出た。
　意見が出尽くしたところで，隠していた部分「たたんでいただき」も見せた。
　「どうして，『たたんでいただきありがとう』なんだろうね」と尋ねると，「箱が小さくなるように，たたんでくれたから」「そのまま捨ててもいいのに，わざわざたたんでくれたから」など，子どもたちからは，「手間」をかけてくれたことへのお礼という意見が多く出された。
　そこで，次の発問をした。

### ❸どうして箱をたたむのでしょうか。

　考えを用紙に書かせた後，発表させた。すると，「ごみが減るから」という意見がほとんどであった。ごみの「かさ」が減ることを具体的に理解させるために，かさばったごみがあふれている様子を写真で見せた。

※授業では写真を提示

　さらに，ごみがあふれ，ごみ箱のふたが開いたままだと，雨水などがたまり，衛生上も悪いことも説明をした。
　今もごみが増えていることや，自然が汚されていることを伝えた。ほかにも，地球の気温が上昇し，農作物が育たなくなったり，海水面が上がって困っている人たちがいたりすることも伝えた。これらのことを「環境問題」と言い，今日の道徳の授業では環境問題について考えることを話した。
　次に，今，地球の環境が大変なことになっ

ていることを伝え，下のような写真を見せた。

※授業では写真を提示

　特に森は減っていて，1年間で世界中で北名古屋市（ここは各市町村などに置き換え）の2500個分の森が減っていることを話した。（年間森林減少約470万ヘクタール。
林野庁ウェブサイト：https://www.rinya.maff.go.jp/j/kaigai/）

　そこで，森がなくなって困ることを考えさせた。「リスが住むところがなくなる」「鳥も巣が作れなくなる」などの意見が出た。また，森の木はみんなが生きていくために必要な空気を出すことも話し，次の発問をした。

## ❹森がなくなると困る生き物がほかにもあります。それは何でしょう。

　いろいろな動物が出された。意見がある程度出尽くしたところで，「それはトトロです」と話した。アニメ映画の主人公に「えーっ！トトロ！」と歓声があがった。トトロは森にすんでいること（『小説となりのトトロ』宮崎駿：原作・絵，久保つぎ子：文　徳間書店）やトトロが森の木を育てていること（『となりのトトロ　ジブリロマンアルバム・エクストラ69』宮崎駿：作　徳間書店）も伝えた。さらに，トトロがサツキやメイらと樹木の苗木を成長させている画像（となりのトトロ - スタジオジブリ｜STUDIO GHIBLI）を見せた。

　次に，環境についてのクイズを行った。

┌─┤ ここで Level Up! ├─┐
　環境問題についてクイズを行い，環境について子どもたちが楽しく学ぶ場を確保した。また，ここで得られた知識が発問❺を考える際に生かされ，具体的な行動を考えることができる。
└────────────┘

### ●「環境問題○×クイズ」の例
　・きれいな空気のために，木を大切に育て

ることはいいことである。[○]
・ごみを減らすために，食べ残しをたくさんしてもよい。[×]
・地球には海がたくさんあるから，水がなくなったら海の水をそのまま飲めばよい。[×]
・ペットボトルはリサイクルして何になりますか。次から1つ選びましょう。
　　ネクタイ・紙粘土・牛乳・鉄

　「環境問題○×クイズ」をテレビ画面に映して提示した。1問ずつ考えさせて，そのつど正解を教えた。○×クイズの後，子どもたちに「このままでは森が減って環境も悪くなり，トトロも私たちも困ってしまいます」と話し，次の発問を行った。

## ❺トトロや私たちが困らないようにするために，あなたはどんなことをしますか。

┌─┤ ここで Power Up! ├─┐
　いわゆる「自分を振り返る」場面である。単純に「自分にできることは何でしょう」と問うより，「アニメの主人公や私たちが困らないようにする」と問うことで，子どもたちが意欲的に環境によいことを考える。
└────────────┘

　プリントに書かせて発表させた。
・食べ物を残さないようにする。
・リサイクルをしっかりする。
・ごみを分けて出す。
・木を育てるための募金をする。
・ごみをポイ捨てしない。
・落ちているごみを拾うようにする。

　最後に感想を書かせた。子どもたちは次のように書いていた。
・アイスの箱をたたむことは地球を守る大切なことだと思った。
・動物だけでなく，自分たち人間も困らないようにしたい。
・いつまでもきれいな地球に住んでいたい。
・ごみ拾いや掃除をするボランティアをこれからもがんばろうと思う。

# 教材開発 10

●**教材** 「環境問題〇×クイズ」

---

◆正しければ〇を，まちがっていれば×を，（　　）に書きましょう。

1 きれいな空気のために，木を大切に育てることはいいことである。　　　　（　　）

2 ごみを減らすために，食べ残しをたくさんしてもよい。　　　　　　　　　（　　）

3 地球には海がたくさんあるから，水がなくなったら海の水をそのまま飲めばよい。（　　）

4 廃品回収で集められた新聞や段ボール，雑誌などはリサイクルしてトイレット
　ペーパーになっている。　　　　　　　　　　　　　　　　　　　　　　　（　　）

5 空き缶はリサイクルして，また缶として使われる。　　　　　　　　　　　（　　）

6 使わない電気を消しても，電気代が安くなるだけで，環境にはいいことはない。（　　）

7 環境のためには自動車に乗るとき，できるだけ乗り合わせて台数を減らす方がいい。（　　）

8 冷蔵庫はたくさん詰め込んだほうがよく冷えて電気代がかからない。　　　（　　）

9 ペットボトルはリサイクルして何になりますか。次から1つ選びましょう。
　　ネクタイ　・　紙粘土　・　牛乳　・　鉄

---

**答え** 1 〇：木はみんなが吸う「きれいな空気，酸素」というものを出している。

2 ×：日本人は1人当たり毎日お茶碗1杯分のごはんを捨てている。

（農林水産省ウェブサイト　https://www.maff.go.jp/j/pr/aff/2010/spe1_01.html）

3 ×：人が利用しやすい場所にある淡水は地球上に存在する水の約0.01％。
風呂の水（200ℓ）を地球上の水にたとえると小さじ4杯分。

（国土交通省ウェブサイト　https://www.mlit.go.jp/mizukokudo/mizsei/mizukokudo_mizsei_tk2_000020.html）

4 〇：そのほかにも段ボールや新聞紙などにも再生している。

5 〇

6 ×

7 〇

8 ×：冷蔵庫の詰め込みすぎは電気をたくさん使う。

9 ネクタイ

（PETボトルリサイクル推進協ウェブサイト　https://www.petbottle-rec.gr.jp/basic/product.html）

---

**所見文例**　◆ **この授業で この言葉を** ◆

　　自然愛護についての学習では，地球環境の問題点を理解し，環境問題対策について意欲的に考え，日ごろの自分の生活を振り返り，環境によいことを行っていこうという気持ちを高めることができました。（自己を見つめる）

---

（愛知県　伊藤茂男）

# 5. 誰一人取り残さない

＜関連する主な内容項目＞　C　公正，公平，社会正義

　何気なく手に取った新聞記事を見て驚きました。イランからの留学生が，日本に来て間もないころ，ある失敗をしたため，２年が過ぎてもエレベーターなどのボタンを押すことが怖いと書かれていたのです。失敗の原因は，漢字が読めないことで誤って非常ベルを押してしまったことでした。「自分とは違った環境で育った人」への配慮がもっとある社会であれば，防げた失敗だったかもしれません。

　このエピソードをきっかけに，少数派にも目を向けられる子どもたちを育てたいと思い，「誰一人取り残さない」の授業を創りました。

 ・「漢字のボタンで大失敗」
　中日新聞「発言」　2021年1月18日

### ■ SDGsの理念の提示で「少数派への配慮の大切さ」をより強く印象づける

　授業の前半では，イランからの留学生が漢字を読めないために失敗したことや，日本レストルーム工業会がトイレ操作の標準ピクトグラムを策定したことをもとに，自分が育った環境とは違う環境で生活すると困ることに気づかせます。２つの資料だけでも，少数派へ目を向けさせることができますが，その後，SDGsの理念「地球上の誰一人取り残さない社会」を提示し，「少数派への配慮の大切さ」をより強く印象づけます。

### ■ 人権週間での実施を！

　12月4日から12月10日は人権週間です。人権週間では，「すべての人を大切する」ということを心に刻める教材で授業をしたいと考えている教師が多いことでしょう。「一人すら取り残してはいけない」ということを意識づける本授業は，そんな教師にお勧めです。授業後半では，誰一人取り残さない学級に近づくための方法を考えます。期間中，その方法を掲示し，朝の会で音読すれば，人権意識をより高めることができます。

## 指導目標

　一人の困りごとへも目を向けることの大切さに気づき，誰に対しても分け隔てなく接していきたいという心情を育てる。（道徳的心情）

## 準備するもの

・留学生のエピソード
・トイレ操作ピクトグラム
・SDGsロゴ（プレゼンのスライドまたは用紙で）

## 授業の実際

　授業開始と共に1枚の写真を提示した。
　子どもたちがエレベーターのボタンであることに気づいたのを確認して，発問をした。

### ❶ボタンを押すのが怖い人はいますか。

　怖いと思う人は〇を，怖くないと思う人は×を理由と共にノートに書かせた。
　多くの子が「怖いわけがない」とつぶやいたり，怖くないのが当たり前という表情をしたりした。しかし，少数の子が「怖い」と答えたので聞いてみると，

・コロナがうつると思うと怖い気がする。
・エレベーターが動かなくなったことがあるからボタンを押すのが何だか怖い。

という意見が出された。
　少数派の意見も肯定的に受け止め，子どもが発言しやすい雰囲気をつくった。
　その後，
「ある新聞でこんな投稿を見つけました」と言って，投稿の一部を紹介した。

> 　私はイランから日本に来て間もなく2年となります。実は，ボタンを押すのが今も怖いのです。

┤ここでLevel Up!├

　投稿を紹介する前に発問❶を考えさせ，「ボタンを押すことが怖い」と感じる人は少ないという事実を実感させる。その後，留学生のエピソードを提示することで，ギャップが生まれ，教材への興味・関心を高めることができる。

　子どもたちが，イランからの留学生に興味をもったところで，次の発問をした。

### ❷2年が過ぎても，ボタンを押すのが怖いなんて，いったい何があったのでしょうか。

　「イランから」という言葉から，投稿者が留学生であることに気づいた子どもたちもいた。次のような意見が出された。

・イランのエレベーターと日本のエレベーターに違いがあって，使い方がわからなかった。
・ボタンを押したら，エレベーターが止まって出られなくなった。

　子どもたちの意見が出尽くしたところで，新聞の投稿を紹介した。

> **投稿の概略**
>
> 　イランからの留学生Aさんは，ある失敗が原因で日本に来てから2年間，エレベーターなどのボタンを押すのが怖いと感じています。
> 　その失敗は日本に来て間もない頃，友達のマンションで起きました。買い物から戻ってきた友達のために，室内からドアを開けようとしたとき，漢字を読むことができなかったために，非常ベルを押してしまったのです。マンション中に鳴り響いた音は，なかなか鳴り止まず，Aさんは怖くて恥ずかしい思いをしたのでした。今では笑い話だそうです。

　教師が読み聞かせた後，
「Aさんは漢字が読めなくて大変な思いを

しましたね」
と声をかけた。子どもたちはＡさんの大変さを他人事と感じていたので，自分事として捉えさせるために次の発問をした。

**❸漢字を読める私たち日本人にとっては，Ａさんの話は大した話ではないですよね。**

3分の2ほどの子が「大した話」と答えた。理由として，

・自分が外国に行ったときに，Ａさんのように言葉がわからなくて困ることがある。
・私たちは困らないけれど，Ａさんのように困っている人がほかにもいるかもしれないから。

という意見が出された。子どもたちは，Ａさんの失敗をきっかけに，今の世の中では，自分とは違った環境で育った人たちが困ることがあることに気づくことができた。

その後，「こんなマークを知っていますか」と言って，トイレ操作ピクトグラムを提示した。そして，日本レストルーム工業会が訪日外国人のために，"だれでも安心して使えるトイレ環境"をめざして標準ピクトグラムを策定したことを伝えた。（出典：一般社団法人日本レストルーム工業会）

トイレ操作ピクトグラム

便器洗浄（大）　便器洗浄（小）　便ふた開閉　便座開閉

止　おしり洗浄　ビデ洗浄　乾燥

訪日外国人への配慮は言葉だけではないことに気づいた子どもたちに「このような取り組みを何と言うか知っていますか」と声をかけ，SDGsロゴポスターを提示した。

子どもたちは「知っている」とすぐに反応を示したので，

「SDGsは，このことを大切にしています」と言って，次の言葉を提示した。

---

> 地球上の誰一人取り残さない社会
> 　　　（出典：国際連合広告センター）

**ここでPower Up!**

　SDGsの理念「地球上の誰一人取り残さない社会」を紹介することで，少数派へ目を向けることの大切さを子どもたちに気づかせることができる。

子どもたちの，「一人すら取り残してはいけない」という意識が高まったところで，

「自分たちの学級も『誰一人取り残さない』ような学級がいいですか」
と声をかけた。すると，全員が大きくうなずいた。

**❹この学級は「誰一人取り残さない学級」になっているでしょうか。**

「言える」「大体言える」「あまり言えない」「言えない」の4段階で評価をさせた。3分の2が「大体言える」と答えた。

次のような意見が出された。

・困っている人をそのままにしていないから「大体言える」。
・休み時間に一人でいる人がいるから「あまり言えない」。

予想以上に子どもたちが仲間を大切にしている意見が出たので，教室の雰囲気が温かくなった。

**❺誰にとっても「誰一人取り残さない学級」に近づくために，みんなで意識していきたいことは何ですか。**

個人で考えさせた後，グループで交流をさせた。その後，代表者に発表させた。

・すべての人の意見を大切にする。
・自分から積極的に声をかける。
・少数派の意見も大切にする。
・日ごろから思いやりを大切にする。
・「できない」という気持ちに寄り添う。
・取り残されないように自分もがんばる。

クラスで特に大切にしていきたい意見を3つ選んで，クラスの目標とした。

## ●誰一人取り残さない学級にするために

話し合いの結果，次の３つがクラスの目標となった。

- ●日頃から思いやりを大切にする
- ●「できない」という気持ちによりそう
- ●取り残されないように自分もがんばる

授業後，「誰一人取り残さない学級」を意識した行動を見ることができた。お楽しみ会をする場所や遊びの内容を決める際，病気が理由で外遊びができない子どものために，「室内遊びにしよう」という意見が出たり，ボールゲームが苦手な子どものために，「みんなが楽しめるルールを新しく考えよう」という意見が出たりしたのである。意見が出るたびに，子どもたちの笑顔が増え，学級が温かい雰囲気になっていくのを感じた。

## ●板書

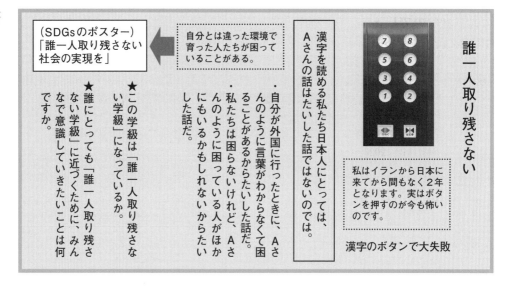

（SDGsのポスター）
「誰一人取り残さない社会の実現を」

自分とは違った環境で育った人たちが困っていることがある。

漢字を読める私たち日本人にとっては、Aさんの話はたいした話ではないのでは。

誰一人取り残さない

・自分が外国に行ったときに、Aさんのように言葉がわからなくて困ることがあるからたいした話だ。
・私たちは困らないけれど、Aさんのように困っている人がほかにもいるかもしれないからたいした話だ。

この学級は「誰一人取り残さない学級」になっているか。

★誰にとっても「誰一人取り残さない学級」に近づくために、みんなで意識していきたいことは何ですか。

私はイランから日本に来てから間もなく２年となります。実はボタンを押すのが今も怖いのです。

漢字のボタンで大失敗

## ●参考 「漢字のボタンで大失敗」 中日新聞「発言」 2021年1月18日

**所見文例**

### ◆ この授業で この言葉を ◆

公正をテーマにした授業では，一人の困りごとへも目を向けることの大切さに気づき，誰一人取り残さないよう，少数派の困りごとに目を向けたり多面的な見方や考え方をしたりしていきたいという願いを発表しました。（道徳的諸価値の理解）

（愛知県　猪飼博子）

# 6.みんなが「同じように」見えるようになること

<関連する主な内容項目>　B　相互理解，寛容

　眼鏡は，古くから多くの人々の視覚を助けてきました。現在，視覚を補う技術は発展し続け，見るものを拡大したり，AR（拡張現実：現実社会にデジタルコンテンツを重ねて表示する技術）と融合したりする機器も出てきました。

　目の不自由な方が見えるようになることは，ご本人にとって文字通り新しい世界の幕開けとも言えるでしょう。しかし，みんなが「同じように」見えるようになることがみんなの幸せなのでしょうか。秋葉茂さんと広瀬浩二郎さんのお二人の立場や考えをもとに，一人一人の感覚や思いを尊重していくことの大切さに気づかせる授業です。

教材　•「髪の毛が1本1本まで見える　レーザー光で視覚を拡張，日本のベンチャーに世界が注目」
　　　「視覚も聴覚も技術で補える時代　いいことばかりじゃない，と思う全盲の研究者」
　　　朝日新聞GLOBE+　2022年6月20日

　　　•「障害者は弱者か，視覚偏重社会に問う　広瀬浩二郎准教授『触常者として生きる』」
　　　朝日新聞　2020年5月27日

右2点の写真提供：
朝日新聞社

## ■ 異なる考えと出合う

　授業の前半では，視覚を補う最新機器「レティッサ」（QDレーザ）を紹介します。それを試した秋葉さんの言葉や機器の開発に込められた願いを考え，子どもたちは見えないことが見えるようになるうれしさとそれを支える思いに気づき，納得します。次に，それとは異なる「同じように見えることは『不気味』」という広瀬さんの言葉を示します。

　お二人の対照的な言葉に，子どもたちの思考が活性化していきます。

## ■ 両面から考える

　広瀬さんの言う「不気味さ」を考えさせていくことは，その根底にある，広瀬さんが考える社会の在り方を考えることにつながります。子どもたちの思考に合わせて，「広瀬さんは，目の不自由な方にとって，どのような社会がよいと思っていると思いますか」と問いかけます。授業後半では，再び秋葉さんの思いにも触れながら，「見たいということ」「今ある感覚を大切にすること」を個性として捉えるようにまとめるのが大切です。

　どちらも「両面から」考えさせることがポイントになります。

## 指導目標

みんなが同じように見えるようになることについて，対照的な2つの考えを比べることを通して，それぞれの思いに寄り添い，広い心で自分と異なる意見や立場を尊重する態度を育てる。（道徳的態度）

## 準備するもの

・教材1（64ページに掲載，配付用）
・教材2（64ページに掲載，配付用）
・教材3（65ページに掲載，配付用）

## 授業の実際

写真提供：朝日新聞社

授業の始まりとともに右の写真を示し，「この方は秋葉茂さんと言います。何をしているところかわかりますか」と聞いた。

「ゲームをしているのかな」「文字を読んでいると思うよ」など，写真の様子から素直な反応があった。

それらを認めながら，秋葉さんが視力の弱い方であること，目につけている機器は「レティッサ」という「レーザー光を網膜に投影し，視力が弱い方でも見えるようになるもの」であることを伝えた。

その後，「レティッサを使ってみて，どんなことを言っているのかな。教材で見てみましょう」と話し，教材1を配付した。

子どもたちが教材を読み終わったところで，教材の「初めて試したとき，大きくものが見えて，すごい！と衝撃を受けた」という秋葉さんの言葉を示し，次のように聞いた。

### ❶秋葉さんがこのようなことを言ったのはどんな気持ちからでしょう。

・物が見えて驚いている気持ち
・今まで見えなかった物が見えて，うれしい気持ち

秋葉さんの驚きやうれしさを想像する意見

が出された。それらを受け止めながら，秋葉さんの写真の横に吹き出しでまとめた。

レティッサは，さまざまな機能のものが開発されている。ここで，「実はレティッサにはほかにもさまざまな種類があります」と話し，それらを写真で示した。その後，次のように聞いた。

### ❷なぜ，このような技術を開発したのだと思いますか。

・障がいのある方を助けたいという気持ち
・自分が見てきた景色を同じように見せてあげたいという気持ち

などの発表があった。

レティッサを開発したQDレーザのウェブサイトにも，「生活を豊かなものにする」「目の不自由な方のQOL（クオリティ・オブ・ライフ）を高める」という内容が載せられている。発表の後，それらも紹介し，見えるようになることで，生活が豊かになるよう助けたいという思いで技術開発を進めていることをおさえた。

「同じように」という言葉が出てきたので，「『同じように』見えることはどういう気持ちでしょうか」と聞いた。

秋葉さんの気持ちや，開発した方の思いを想起しながら，子どもたちからはすぐに「うれしい気持ち」と声があがった。そこで，

　　同じように見える　＝　うれしい

と板書した。

### ここでPower Up!

後の展開で生かしたい子どもたちの捉えや概念を，四角囲みや文字色の変更でわかりやすく板書する。特に，考えを対比させる展開の場合，視覚的に比べるものが明確になる。

次に，「実は秋葉さんの記事の隣にこの方が載っていました。広瀬浩二郎さんと言います」と話し，右の写真を示した。そして，国立民

写真提供：朝日新聞社

族学博物館准教授で文化人類学者であること，中学生のころから目が見えないことを伝えた後，次のように聞いた。

### ❸ 広瀬さんは，「みんなが見えるようになる」ことをどう感じていると思いますか。

・学者だと，目が見えないと不自由だと思うから見えた方がいい。
・目が見えなくても，できることを大事にしているかもしれない。

発表は「見えた方がいい」「見えなくてもいい」の2つの考えに分かれた。そこで，「広瀬さんはどう考えているか記事で確かめてみましょう」と教材2を配付した。

そのなかで広瀬さんは，「同じように『見える』『聞こえる』となったときの不気味さも感じます」と述べている。これは，授業前半の子どもたちの考えとは異なっているため，「あれっ？」というつぶやきも聞こえた。

そこで，

＞＞＞ 同じように見える　＝　不気味

と板書し，次のように聞いた。

### ❹ みんなが同じように見えることを，なぜ「不気味」や「怖い」と言っているのだと思いますか。

はじめに，「見えないのが当たり前で，自分が慣れていることではないから，変な感じということ」と，広瀬さん自身の視覚のずれをもとに「不気味」を説明する発表があった。

しかし，続いて，ある子から「それとは違って，本来の人間の姿でないからだと思う」という発表があった。これは，それぞれのもつ人間らしさがなくなってしまうという面から説明した「不気味さ」である。これには「そうそう！」と複数の同意の声が聞こえた。

続けて何人かから発表してもらうと，

・目が見えないことも個性だから同じになってしまうと不気味でおかしい。
・社会は一人一人の個性で成り立っているから，その個性が同じになってなくなってしまうのが不気味。

などの考えが出された。子どもたちは，「不気味さ」を考えることを通して，広瀬さんの考える社会や感覚の在り方も考え始めたようだったので，「もしかしたら広瀬さんには，『こうなってほしい』という思いがあるのかな」と聞くと，「そうです」という声があった。

そこで次のように発問した。

### ❺ 広瀬さんは，目の不自由な方にとって，どのような社会がよいと思っていると思いますか。

発表してもらうと，

・目が見えなくても，差別されない社会
・目が見えない人にとっては，それが当たり前だから，特別扱いしない社会
・見えないことも個性と考えて，それが尊重される社会

と意見が出された。ここで，「でも，見たい人もいるよね。そういう人はどうするのかな」と聞いた。すると，「開発された機械をつければ見られるよ」という発表があった。続けて，「あっ，『見たい』という気持ちも『個性』だ！」という声も聞こえた。そこで，

＞＞＞ 個性 が尊重される社会
　　　 └──見えたい・見えないまま

と黒板にまとめた。

ここで，「実際に広瀬さんはどう考えているでしょうか。見てみましょう」と教材3を配付した。読み終えた後，「自分たちの考えたことと比べましょう」とペアやグループで話し合わせた。「見たい人の気持ちも，そのままでいたい人の気持ちも大事にすることだね」という声が聞こえた。

最後に，「目の不自由な人もみんなも幸せになるために大切なことは何だと思いますか」と聞いた。これまでを振り返りながら，

・個性。その人のもっているものを尊重すること
・気持ちも大切にすること

という発表があった。子どもたちから「これはクラスでも大事だ」という声も聞こえた。

「なるほど。大切なことに気づけたね」と受け止めながら，感想を書かせて授業を終えた。

# 教材開発 12

## ●教材1「髪の毛が1本1本まで見える レーザー光で視覚を拡張，日本のベンチャーに世界が注目」
朝日新聞GLOBE+　2022年6月20日

　　（QDレーザの「レティッサ」は）臨床試験を経て2020年，めがねやコンタクトレンズでは十分な視力が得られない，強度の乱視患者に対する医療機器として承認された。網膜に投影する方式では，世界初の実用化だ。

　　取材の場に，秋葉茂さんが白い杖をついて入ってきた。小学生のころから進行性の目の病気で視力が下がり始めた。中学校では友だちに借りたノートの字も読めなくなり，卒業後は盲学校に進んだ。今の視力は0.05ほど。保険会社でマッサージの仕事をするかたわら，QDレーザの製品開発に協力している。

　　「初めて試したとき，大きくものが見えて，すごい！と衝撃を受けた。それまで見える感覚自体がなかったので」

　　ふだんは見たいものがあると，その方向をスマホで写し，画像を拡大して見ている。でも，思い通りに写っていないこともしばしばだ。そもそも，遠くのものは，それがあることさえ気づけない。

　　「電車の接近を知らせる駅の表示も，高いところにあると，見えなかった。それが，この機器で見えたんです」

　　移動に便利なめがね型だけでなく，読み書きには置いて使う卓上型，デジタルカメラの機能を生かすデジカメ型など，秋葉さんらの意見を参考に様々な用途，場面に応じたモデルが開発されている。

QDレーザの「レティッサ」を試す秋葉茂さん　相場郁朗：撮影

## ●教材2「視覚も聴覚も技術で補える時代　いいことばかりじゃない，と思う全盲の研究者」
朝日新聞GLOBE+　2022年6月20日

　　技術の進歩で，個人にとって「できない」ことが「できる」ようになるというプラス面はもちろんあると思います。

　　一方で，同じように「見える」「聞こえる」，となったときの不気味さも感じます。いろんな見え方，聞こえ方の人がいて社会はおもしろいのだと思うし，本来の人類だと思うんです。だから，画一化されることに対する恐れというか，警告を発したい気持ちはあります。

　　僕が完全に見えなくなったのは13歳のときですから，40年以上，視覚を使わない生活をしている。そうすると，やせ我慢でも強がりでもなく，それが当たり前で，「不自由だ」とか「見えればいいのに」とか思わないんですね。見えないことを含めて，いまの自分ですから。

　　僕の研究の原点に，琵琶法師や「ごぜ」と呼ばれた視覚障害者の文化があります。

　　平家物語が有名ですが，全国を旅して音と声で情報を伝える中で，いろんな芸能が生まれました。文字に頼らない口承文芸として価値があると思われたから，何百年と続いてきたわけです。

　　視覚を「補う」ではなくて，聴覚と触覚という自分たちの強みで立派な生業を成り立たせ，伝えてきた人たちがいたこと。それは僕にとって一つの指針になりました。

国立民族学博物館の広瀬浩二郎准教授。館内には広瀬さんが監修した「世界をさわる」コーナーがある　大阪府吹田市，荒ちひろ：撮影

●**教材3** ※2つの記事を1枚にして配付した。

> 「**視覚も聴覚も技術で補える時代　いいことばかりじゃない，と思う全盲の研究者**」
> 　　　　　　　　　　　　　　　　　　　　　　　　朝日新聞GLOBE+　2022年6月20日
> 　もちろん，技術の発展の恩恵を受けている部分も多くあります。
> 　1980年代中ごろ，高校2年のときにパソコンが「しゃべる（文字を音声で読み上げる）」ようになりました。目で見えない文字のやりとりができるありがたさを，最初に感じた世代だと思います。
> 　若干矛盾しているかもしれないけれど，僕ら視覚障害者にとって，耳はおそらく健常者以上に大事なものです。年をとって聞こえづらくなってきて，聞こえるようになる技術があれば，飛びつくでしょうね。
> 　ありふれた結論ですが，技術を使えることも保障されてほしいし，「見えないままの自分」が自然に受け入れられ，主張できる環境も残ってほしい。そんなふうに思います。
> 　価値観をちょっとずらしてみる。視覚もいいけど，触覚もあるよ。触ってみると，見るだけじゃ分からないことがあるでしょ，と気づいてもらう。
>
> 「**障害者は弱者か，視覚偏重社会に問う　広瀬浩二郎准教授『触常者として生きる』**」
> 　　　　　　　　　　　　　　　　　　　　　　　　　　　　朝日新聞　2020年5月27日
> 　障害者は，多くの健常者が持っているものを持たない人々と見られがち。でも，それは違うんじゃないか，と広瀬さんは言う。「たとえば視覚障害者は触覚や聴覚が研ぎ澄まされている。視覚優先の社会ゆえに失ったもの，むしろ目が見えるゆえに気づかない世界もあるのでは。さわることで，より深く理解できるものもある」
> 　近年よく耳にする「ユニバーサル社会」は，誰もが楽しめる社会と説明されることが多い。広瀬さんに言わせれば，ユニバーサルとは「感覚の多様性，違いを大事にすること」である。

※なお，教材1・2・3とも，子どもたちがわかりやすいよう，漢字や語句の意味など，授業者が新聞記事を一部改変して配付した。

●**子どもたちの感想**

・今日の授業でわかったことは，個性やその人の意志を大切にするということです。私は，みんなが見えるようになるのはいいことだと思っていたけど，目が見えない人も，もしかしたら，そのままでいいとか別な感覚を大切にしているとか，一人一人違っているかもしれません。それを大切にしたいなと思いました。それが個性や意志を大切にすることだと考えました。

・今日の勉強で学んだことは，一人一人を大切にしたり，尊重したりすることの大切さです。最初は，目が不自由な人みんなの目が見えるようになることがいちばんいいとしか考えていませんでした。しかし，広瀬さんの考えを聞いて，その人本来の姿をなくさないことも必要だと学びました。

・今日は私の，障がいのある方への態度を考えられる第一歩になりました。今までは，優しいことは大切だけれど，どう接すればよいか考えてしまっていました。今日の授業から，「見えないままも受け入れられる社会」が大切だと気づきました。ただ優しく教えたり助けたりするだけでなく，その人の気持ちもちゃんと考えながら，接することがわかりました。少し難しいかもしれないけれど，やってみたいです。

## ●板書

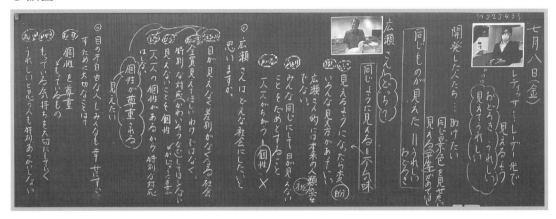

## ●ICTを活用した教材提示

本授業は，2022（令和4）年度北信越NIE協議会で，新聞記事を道徳授業でどう教材化するかをテーマに公開した授業である。

全体での提示では，写真をデジタル記事に載せられているものを利用した。また，子どもたちに注目させたい秋葉さんや広瀬さんの言葉は吹き出しで示し，子どもたちが資料の内容を捉えやすいよう，視覚的に支援した。（板書写真）

子どもたちは一人一台の端末を持っており，日常的に活用している。本時では，「ロイロノート」を介して写真や記事を教師用の端末から送信した。子どもたちは教材に線を引きながら読んだり，特に注目したいところを自由に拡大して見たりしていた。本時のように数回に分けて教材を使いたいときには，配付の時間を省くことにもつながった。

このようにICTを活用することで，時間を効率よく使いながら，子ども一人一人が自分なりの仕方で教材に触れることができ，ねらいに迫ることができる。

---

**所見文例**

◆ **この授業で この言葉を** ◆

「みんなが『同じように』見えるようになること」の学習では，目の不自由な方には，ありのままを受け入れてほしいと感じている方もいると知り，個性にはいろいろな形があることに気づきました。それらを認め合うことが必要だと考え，一人一人の個性を大切にしたいとする思いをもちました。（自己の生き方）

---

（新潟県　小林隆史）

# 道徳授業の "新鮮力"

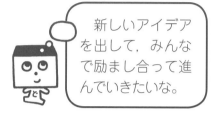

1. カネテツの挑戦
2. コロナ禍で道を拓く
3. 「ふつう」は何のため？
4. トトロや私たちが
　　困らないようにするために
5. 誰一人取り残さない
6. みんなが「同じように」
　　見えるようになること

　社会の変化に伴い，新たな課題が生まれています。それらの課題を解決していくためには，今がまさに旬の教材が必要です。

　この章には，直面する現代的課題に正面から向き合う６つの授業を収めました。"今" を感じる新鮮な教材が，子どもたちの学びの意欲を喚起します。

## 1. カネテツの挑戦

　販売されている商品には，それを開発した人たちの思いや願いが込められている。身近な食品であるカニカマもそうである。カニカマなら，カニの味を安価で味わえる。「お財布に優しいこと」も，商品開発の大切な視点である。

　しかし，「カネテツの挑戦」は，それだけにとどまらない。アレルギーへの対応や水産資源の保護に関わる地球環境への配慮も開発のテーマになっている。そのさきにあるのは人々の幸せである。だからこそ，勤労は尊いのである。

## 2. コロナ禍で道を拓く

　コロナ禍も４年目に入る。必要な感染予防対策は，続けなければならない。しかし，「コロナだからできない」という消極的な思考は卒業したい。大切なのは，ピンチと思われるような状況をチャンスに変える積極的な思考である。

　身近なところにも，コロナによる困難を克服して前に進もうとしている人たちがたくさんいる。発問❹で，その人たちに「共通していること」を考える。道を拓く鍵が，そこにあるはずだ。

### 3.「ふつう」は 何のため？

「多様性と調和」を基本コンセプトとして開催された2021年の東京オリンピック以降，LGBTQ＋を意識した取り組みは学校現場でも広がりを見せている。

この授業では，子どもたちが日常でもよく使う「ふつう」という言葉の意味に着目する。自分だけが「ふつう」だと思い込めば，それ以外の人は「ふつうではない」となってしまう。多様性の尊重のために必要なのは，「違うのが当たり前」という意識改革である。

### 4. トトロや 私たちが 困らないように するために

環境問題という直面する今日的課題を扱った授業に，トトロが登場する。これには，子どもたちもびっくりである。この驚きは，森林伐採というリアルな環境問題に，ファンタジーの世界からトトロがやってきたことに対する驚きである。

授業の前半では，あずきバーの箱を題材にごみ問題について考える。そこから地球環境へと話題が広がり，トトロが現れる。低学年の子どもたちの興味を引き出しながら，さらに視野を広げていく授業展開の妙である。

### 5. 誰一人 取り残さない

「誰一人取り残すことのない教育」は，「令和の日本型学校教育」の構築をめざすキーワードになっている。その理念を道徳授業で具現化させたのが本実践である。

この3年間，コロナ禍で外国人の入国が制限されていたこともあり，日本在住の（または日本を訪れた）外国人の方への心づかいが十分でなくなっていたのかもしれない。社会における少数派に目を向けられる子は，学級の友達にも温かなまなざしを注げる子である。

### 6. みんなが 「同じように」 見えるように なること

目の不自由な方を扱った授業は，『とっておきの道徳授業』シリーズでこれまでも紹介してきた。それは，盲導犬や白い杖，点字ブロックなどを題材として取り上げた授業である。

この授業の題材は，視覚を補う最新機器「レティッサ」である。さらに，視覚障害のあるお二人の言葉を通して，子どもたちに「相互理解，寛容」の心について考えさせる。これからの時代，新たな「福祉の授業」のさきがけとなる実践である。

（編者　佐藤幸司）

# 第 3 章

# 斬新＆柔軟な発想で
# 教材開発

第 **3** 章

斬新&柔軟な発想で
教材開発

# 1.「コボちゃん」は心がほっこり

<関連する主な内容項目>　C　家族愛，家庭生活の充実　D　自然愛護

　4コマ漫画「コボちゃん」は，日本一の記録をもっています。それは，一般全国紙の連載漫画としての最多記録です。2021年1月，読売新聞朝刊に連載中の「コボちゃん」が通算1万3750回となり，記録を達成しました。

　「コボちゃん」を読むと，心がほっこりして，気持ちが落ち着きます。その秘密を今回は「家族愛」と「自然愛護」の両方の視点から考えていきます。

教材　・4コマ漫画「コボちゃん」13882　植田まさし：作　読売新聞　2021年5月23日

©植田まさし

### ■ 経験と結びつける

　「コボちゃん」（1万3882回）には，子どもたちにも見覚えのある場面が出てきます。たとえば，通り雨や虹などです。また，空という自然に目を向けながらも，家族といっしょに仲良く過ごしている様子も描かれています。

　4コマ漫画の場面を自分の経験と結びつけて考えることで，自然の不思議さや美しさ，家族との日常になかにある幸福感を感じとることができます。

### ■ 2つの内容項目を扱う

　4コマ漫画「コボちゃん」の根底には，家族愛を感じることができます。今回使用する回では，「虹」が大きな役割を担い，自然の素晴らしさを通した会話からコボちゃん一家（田畑家）の温かさが伝わってきます。

　授業では，どちらかの内容項目に絞り込むことはせず，どちらも大事に扱い，子どもたちに多角的な思考を促します。それに合わせて，指導目標（72ページ）も2つの内容項目を扱う文言になっています。

## 指導目標

　家族との日常のよさを再確認するとともに，自然の素晴らしさや不思議さを感じとり，穏やかな気持ちで生活しようとする思いをもたせる。（道徳的心情）

## 準備するもの

・「コボちゃん」（74ページに掲載）

## 授業の実際

　最初に，コボちゃんの顔を提示して，「この男の子を知っていますか」と尋ねた。

　「コボちゃん」は，単行本やテレビアニメ化もされているので，子どもたちからは，すぐに「コボちゃんだ！」という元気のよい声が返ってきた。

### ❶「コボちゃん」は，日本一の記録をもっています。どんな記録でしょうか。

　子どもたちからは，

　「日本でいちばん人気がある漫画だと思います」

という発表があった。みんな同じことを考えたようで，ほかの意見は出なかった。

　そこで，次のように話した。

　「もちろん，『コボちゃん』はとっても人気のある漫画です。でも，もっと別の日本一があるのです。ヒントは，新聞に関係があります」

　すると，

　「コボちゃんが新聞に載った？」

　「家の新聞で『コボちゃん』を見たことがあります」

という返答があり，

　「かなり『正解』に近いよ」

と言うと，

　「新聞に，日本でいちばんたくさん載った漫画」

という「正解」が出された。

　「何回くらいですか」

という質問があったので，次の内容を伝えた。

・2021年1月に通算1万3750回となり，全国紙の連載漫画として最多記録を達成したこと

・2022年6月18日に1万4260回となったが，作者の植田まさしさんが体調を崩し，今は休載中であること（2022年11月現在）

　子どもたちは，1万回を超える回数に驚いている様子だった。

### ❷コボちゃんの家族のことを知っていますか。

　真っ先に，「妹がいます」という声が返ってきた。続けて，「おじいちゃんとおばあちゃんもいます」という発表があった。

　子どもたちの発表を聞いた後，「コボちゃん」の単行本を提示して，コボちゃんの家族（田畑家）の構成について，「コボちゃん・妹・父母・祖父母」の6人家族であることを漫画を見せながら話した。

┌─────── **ここで Level Up!** ───────┐

　この授業では，「家族愛」と「自然愛護」の2つの内容項目を扱うが，根底にあるのは「家族愛」である。そこで，授業の前半でコボちゃんの家族構成に触れ，自分の家族へ思いがやんわりと向くように仕組む。

└──────────────────────────────┘

　ここで，教材の4コマ漫画「コボちゃん」を配付し，パソコンに取り込んでおいた画像をテレビにも大きく映した。子どもたちは，自分の手元に教材が渡るとすぐに読み始めていた。せりふの漢字にすべてルビがふってあるので，低学年の子どもたちにも読みやすくなっている。

　全員が読み終えたところで，次のように聞いた。

### ❸この4コマの中で，自分も「あっ，こういうのを知っている，見たことがある」というコマはありますか。

　最初に，

　「虹を見たことがあります」

という意見が出された。子どもの発言に合わ

せてＡ３判に拡大した４コマ目を黒板にはり，その下に【虹を見たことがある】と書いた。

ほかには，「急に雨が降ってきて，傘がなくて困ったことがある」「すごい雨だけれど，すぐにやんで晴れたことがある」「お母さんが急いで洗濯物をしまっていた」という発表があった。

その都度，同じように１コマ目と２コマ目を黒板にはり，その下に子どもたちから出された言葉を書いた。

「虹を見たことがある人？」
と聞くと，全員が挙手をした。続けて
「虹って，どうして出るんだろうね」
と聞くと，
　・雨がやんで，その後に晴れると出る。
　・天気がいいときに，ホースで水をシューとすると，そこに虹ができる。
という自分の経験をもとにした発言が続いた。

発言が出尽くしたところで，残っていた３コマ目も黒板にはった。ここで，
「コボちゃんは，虹のことを何と言っていますか」
と聞き，【虹ってきっと空からのおわびのしるしだと思う】という言葉に注目して，次の発問をした。

## ❹虹が「空からのおわびのしるし」というのは，どういう意味でしょうか。

少々考え込んでいる様子だったので，
「『おわび』って，どういう意味かな？」
と聞いた。すると，
　・ごめんなさいという意味
　・何か悪いことをしてしまって，その後にごめんね，許してね，という意味
という返答があった。
「じゃあ，空が何か悪いことをしたのかな？」
と問うと，次の意見が出された。
　・悪いことじゃないけれど，急に雨が降っておばあちゃんが大変だったから，「ちょっとごめんね……」ということ。
　・虹がとってもきれいで，コボちゃんがそう思った（空からのおわび）。
　・雨がザーッと降って，その後にきれいな虹が出たから，何だか空が「さっきはご

めんね」と言っているように思った。

どの意見にも「なるほどね」「よく考えたね」という言葉を添えて認め，黒板に次のようにまとめた。

虹　＝　空からの<u>おわび</u>

> さっきは，急に雨を降らせちゃって，ごめんね。

次に，おばあちゃんの言葉「ま…そういうことに」に注目して，次の発問をした。

## ❺おばあちゃんは，どうして「ま…そういうことに」と言ったのでしょう。

「いちばん困ったのは，おばあちゃんでしょう」と語りかけたところ，次の意見が出された。
　・雨が降って大変だったけど，コボちゃんが虹をとってもきれいだと思っているので，こう言った。
　・虹を見て「きれいだな。コボちゃんの言う通りだな」と思ったから。

**ここで Power Up!**

この問いで，雨上がりの虹の美しさ（自然愛護）と祖母のコボちゃんに対する優しさや家族のほのぼのとした雰囲気（家族愛）の両方に気づかせる。２つの「価値」を多角的に考える。

子どもたちの発表からは，コボちゃん一家のほっこりとした雰囲気が伝わってきた。ここで，次のように聞いた。

## ❻「コボちゃん」を読むと，心が温かくなったり，気持ちが落ち着いたりするのはどうしてでしょう。

子どもたちからは，次の意見が出された。
　・けんかとかしないで，みんな仲良しだから読んでいてうれしくなる。
　・妹とおばあちゃんと，雨が降っても楽しそうにしている。
　・ちょっと面白くてクスッと笑うときがある。
発表が出尽くしたら，残りの時間は教材の４コマ漫画に丁寧に色を塗って授業を閉じた。

## 教材開発 13

● 教材　４コマ漫画「コボちゃん」13882

読売新聞　2021年5月23日　植田まさし：作

　読売新聞朝刊に連載の植田まさしさんの４コマ漫画「コボちゃん」。

　2021年1月に通算１万3750回となり，一般全国紙の連載漫画として最多記録を達成した。

　2022年6月18日の１万4260回以降は植田さんが体調を崩し，休載となっていた。

　この間，読売新聞では過去の傑作選を掲載していたが，2023年3月1日から連載を再開する。（読売新聞 2023年2月26日）

　なお，最多記録達成時の植田さんの言葉などを題材にした道徳授業案が，「ニュース de 道徳」（読売新聞 2021年6月30日 佐藤幸司：監修）に掲載されている。

　また，「コボちゃん」を使った授業記録は，これまでの本シリーズにも複数掲載されているので，授業創りの参考にしていただきたい。「コボちゃん」を使った道徳授業という単元構成も可能である。

©植田まさし

◆ この授業で この言葉を ◆

所見文例

　　４コマ漫画「コボちゃん」を題材にして家族の大切さや自然の素晴らしさについて考えた授業では，自分が虹を見たときの経験を想起して，そのときの様子を具体的に発表しました。友達と楽しく意見交流をして学んでいました。（自己を見つめる）

（山形県　佐藤幸司）

# 2.本物じゃないからこそ

＜関連する主な内容項目＞　A　真理の探究

　一般的に，本物は価値が高く，複製品や模造品は価値が低いと思われがちです。人をだますために使われるなど，犯罪につながるイメージもあります。しかし，あまり意識をしていないだけで，われわれの暮らしのなかには，本物じゃないからこそ便利で，役に立っているものがたくさんあります。

　大塚国際美術館をきっかけとして，「本物じゃない」ものへのイメージを覆し，その便利さや楽しさに気づかせる授業です。

教材　・大塚国際美術館の作品の写真
　　　「モナ・リザ」「叫び」「ヒマワリ」など

## ■ 子どもたちの価値観を変える

　授業の前半では，大塚国際美術館に展示されている作品はすべて複製されたものであるにもかかわらず，人気が高い理由を考えます。その理由が，「本物じゃないからこそ」であることに気づかせ，価値が高いのは本物だと思い込んでいた子どもたちの思考を逆転させます。そして，授業の後半では，身の回りの日常には「本物じゃないからこそ」便利で役立っているものが多数あることを改めて気づかせていきます。

## ■ 知的財産権について触れる

　コピー商品は商標権や特許権，著作権などのさまざまな知的財産権を侵害しています。いくら人の役に立ったり便利だったりしても，勝手につくってお金を取るのは違法です。難しい用語を使わなくても，「勝手につくってはいけない」「許可を得る必要がある」ことなどをおさえておきましょう。

　情報モラル教育の一環として著作権の学習を行う際には，この授業と関連させて行うことも効果的です。

## 指導目標

　"本物"ではないからこそ，社会に役立っているものがあるという見方や考え方に気づき，その工夫に学ぼうとする心情を育てる。（道徳的心情）

## 準備するもの

・似ているけれどちょっと違うキャラクターの写真
・大塚国際美術館の外観および美術品の写真
・模擬臓器や本物そっくりの食品の写真

## 授業の実際

　本物を模しているが，一見して「違う」とわかるものを提示する。

┌─── ここでLevel Up! ───┐

　導入では，あえて本物との違いがわかりやすい例を取り上げて興味をもたせる。アニメのキャラクターを無断で使用している外国の例を紹介すると，子どもたちを引きつけることができる。

└──────────────────┘

　冒頭，「『にせ物』と聞いて，何を思い浮かべますか」と聞いた。
　・にせ札
　・詐欺
　・犯罪
などが出された。
　全体的にあまりよいイメージがないことを確認して，次の発問をした。

### ❶「にせ物」って，あってもいいですか。それとも，ない方がいいですか。

あってもいい…3人
　・にせ物がつくられるほど，人気があるということだから。
　・にせ物のお菓子もおいしいから。
ない方がいい…30人
　・だまされてお金を取られることがある

から。
　・本物の価値が低くなってしまうから。
　・買った物が偽物だったら，いやだから。
　両方の意見を発表させた後，スライドで次の3枚の絵を提示した。

┌──────────────────┐
　・「叫び」（エドヴァルト・ムンク：作）
　・「モナ・リザ」（レオナルド・ダ・ヴィンチ：作）
　・「ヒマワリ」（フィンセント・ファン・ゴッホ：作）
└──────────────────┘

　それぞれの絵のタイトルと画家の名前を教えた後，「この絵は本物だと思いますか」と問うた。

　子どもたちに判別は難しいが，予想で挙手をさせると「本物」だという意見が多かった。
　「全部，本物ではありません」と教えて，大塚国際美術館の写真を提示した。
　「これらの絵は徳島県鳴門市にある大塚国際美術館に展示してある絵です。この美術館にある作品はすべて本物ではないのです」
　子どもたちから，「えっ？」という声が漏れた。
　しかし，大塚国際美術館は「行ってよかった美術館＆博物館ランキング」の1位（2011年）になったこともあるほど人気があることを伝えると，さらに驚きの声があがった。

### ❷本物ではないのに，なぜ人気があるのでしょうか。

　・写真を撮ることができる。
　・外国まで行かなくても日本で見ることができる。
　「その秘密は次の4つです」と言って，写真を交えながら説明した。

### その1　すべて"陶板"でつくられている。

　陶板とは陶器の板であること，陶板だと2000年たっても色あせないで，本物そっくり

の状態で保存できることを説明した。

**その２　すべて"原寸大"でつくられている。**

原寸大とは本物と同じサイズであることを説明した。

**その３　世界各地にある名画が一堂に展示されている。**

フィラデルフィア美術館（アメリカ）

1945年焼失

ノイエ・ピナコテーク（ドイツ）

ナショナルギャラリー（イギリス）

SOMPO美術館（日本）

個人所有

ゴッホ美術館（オランダ）

たとえばゴッホの「ヒマワリ」の絵は７つあり，世界各地の美術館に展示されていたり戦禍で焼失したものもあったりするが，それらが同じ部屋に並べられていて鑑賞することができる（78ページ参照）ことを説明した。

**その４　作品を写真撮影することができる。**

多くの美術館が写真撮影を禁止しているが，大塚国際美術館では撮影できることを説明した。

大塚国際美術館という名称の通り，大塚正士さんという方がこの美術館をつくったことを紹介する。

**❸大塚さんは，どうしてこのような美術館をつくったと思いますか。**

・絵（美術）が好きだったから。
・みんなに美術品を見せたかった。
・本物が集められないので，自分でつくった。

もともと「大塚製薬」という製薬会社をつくっていた大塚さんは「自分の会社を大きく育ててくれた地元への恩返しをしたいという思いから美術館をつくった」こと，「写真や本物の絵は50年100年経つと色や姿が変わってくる。真実の姿を永遠に伝えたい，後世への遺産として保存していきたいという思いをもって，このような美術館をつくった」ことを伝えた。

「この美術館は本物ではないからこそ，多くの人に役立っているんですね」と言って，次の発問をした。

**❹ほかにも，本物ではないけれど，だからこそ「便利だ」「役に立つ」というものはありますか。**

・食堂の前にある見本（食品サンプル）はどんな食べ物かわかるので便利。
・造花は水がなくても枯れない。
教師からも，例として次のものを紹介した。
・コンニャク製の心臓などの模擬臓器
　➡手術の練習用に使える。
・味や食感，見た目が本物そっくりな食品
　➡安価で購入できる。

**❺同じ"本物そっくり"でも「よいそっくり」と「悪いそっくり」の違いはどんなことだと思いますか。**

・いいことに使うか，悪いことに使うか。
・ルールを守っているかどうか。
・「よいそっくり」はみんなが喜ぶもの，「悪いそっくり」はみんなを悲しませるもの。

**ここでPower Up！**

日常のなかにある複製や模倣されたものの共通点を考えさせることで，人々に受け入れられている"本物そっくり"のよさに気づかせる発問である。

「『いいことに使う』『ルールを守っている』『みんなが喜ぶ』。これらは本物にも言えることですね」と子どもたちに話した。

この後，感想を書かせて授業を終えた。

## 教材開発 14

●7つの「ヒマワリ」展示室

## ●「本物じゃない」からこそ使われている例

「『本物じゃないからこそ』役立つものの例」として，次のようなものがある。

### 模擬臓器

KOTOBUKI MedicalはVTT（Versatile Training Tissue：コンニャク粉を主成分とした医療トレーニング用模擬臓器）を開発している。人体組織によく似た触感と強度，伸縮性がある。「本物じゃないからこそ」安心して鉗子操作や縫合のトレーニングをすることができる。

### 味や食感が似ている食品

「本物じゃないからこそ」安く，時期を問わず食べられる食品がある。「ほぼホタテ」や「ほぼカニ」などを販売しているカネテツデリカフーズのウェブサイトには，「ほぼか，ほぼ以外か」といった遊び心のあるキャッチフレーズが示されている。カニの味を再現したり，食感に近づけたりするための開発秘話も知ることができる。

「ほぼカニ」を題材にした実践が本書第2章「カネテツの挑戦」（41〜44ページ）に掲載されているので，本授業と関連した指導が可能である。

### 所見文例 ◆ この授業で この言葉を ◆

> 大塚国際美術館の人気の秘密から「本物ではないからこそ」役に立っているものがあるという見方や考え方に気づき，ほかにもそのような事例を探したり，そのよさを発表したりすることができました。（多面的・多角的な考え）

※以下の写真は大塚国際美術館の展示作品を撮影したものです。75ページ「モナ・リザ」，76ページ「叫び」「モナ・リザ」「ヒマワリ」，77ページ「ヒマワリ」7点，78ページ7つの「ヒマワリ」展示室

（長崎県　辻川和彦）

# 3.「ざんねん」は「すごい」!!

## ～多様性に満ちた 自然の不思議・素晴らしさを学ぶ～

<関連する主な内容項目>　D　自然愛護

　子どもたちに大人気の『ざんねんないきもの事典』。そのおもしろさで，シリーズ7巻，映画もできました。マイナスイメージのタイトルなのに……そう思って読み始めると，もう止まりません。とにかくおもしろい。その秘密は，いきものたちが環境に合わせて進化し，身につけてきた個性あふれる特技，多様な自然の素晴らしさにあるのではないでしょうか。見方次第で，人間だって「ざんねん」で「素晴らしい」。

　本当は「素晴らしい」いきものたちから人や身近な自然へと学びをつなぎ，多様性あふれる自然の「素晴らしさ」を学ぶ授業です。

教材　・『**おもしろい！　進化のふしぎ
　　　　ざんねんないきもの事典**』
　　　　今泉忠明：監修　高橋書店

### ■「ざんねん」を「すごい」に変えることで，
### 多面的な思考の方法を学ぶ

　印象的なタイトルから，本で紹介されているいきものの特性を「ざんねん」と捉えている子どもも少なくないと考えられます。その固定観念を崩すことで，子どもたちは，自然の素晴らしさを学ぶとともに，多面的な思考の方法を学ぶことができます。

### ■ 人や身近な植物について学んだ価値を広げ，実感をもたせる

　「水中では息ができない」「動物のようには速く走れない」など，人間にも〈ざんねんさ〉があります。一方で，「考える」「言葉を使う」など，〈すごさ〉があります。私たちにも，ほかのいきものと同じように特徴があることに気づかせ，実感を伴った学習ができるようにします。

　終末では，ヒマワリ，オオバコ，キャベツ，オナモミといった身近な植物のすごさを紹介し，身近な自然への興味・関心を高め，自然を大切にする心情を育みます。

## 指導目標

　ざんねんないきもののもつ個性を見直し，自然の素晴らしさや不思議さ，多様性に気づき，大切にする心情を育てる。（道徳的心情）

## 準備するもの

・教材①「ここがざんねん」
　　　②「本当はすごい」
　　　③「身近にあるすごい植物」
（82ページに掲載。①②は配付用。③は教師が解説する）
・動物のイラスト，または写真
・面ファスナー

## 授業の実際

　最初に，「□□□□□ないきもの」と，一部分を隠したタイトルを掲示し，尋ねた。

### ❶どんな言葉が入るでしょう。

　すぐに多くの子どもが挙手し，全員が正解。挙手した全員に大きな拍手を送ると，「知っている」「読んだ」「映画に行った」「本，持っている」と大いに盛り上がった。半数以上が本について知っていた。ざんねんないきものについて学習することを伝え，クイズを続けた。

### ❷この動物は何でしょう。

　「コアラ」という正解がすぐに出た。

### ❸コアラは，どんな点がざんねんなのでしょう。

　ユーカリの葉に含まれる猛毒をなくすために，一日中 ねて いること，子どもは母の うんこ を食べることを穴埋めクイズの形式で考えた。
　次に教材①を配り，同様に「イラスト➡ざんねんな点のクイズ」の順で，「イルカ・チーター・マンボウ・シロクマ」について考えた。

教材①　「ここがざんねん」

---
1.**コ ア ラ**：ユーカリにふくまれるもうどくをなくすために，一日中 ねて いる。子どもは，お母さんの うんこ を食べる。
2.**イ ル カ**：ねむると， おぼれて しまう。
3.**チーター**：つかまえたえものを，ハイエナなどに， うばわ れる。
4.**マンボウ**：たくさんたまごをうむのに，大人になる前に，ほとんど 食べられて しまう。
5.**シロクマ**：毛がぬけると，はだの色は 黒い 。
---

　その後，次のように話して教材②を配り，見方を転換させる。

### ❹でもよく考えると，このいきものたちは，本当はすごいのです。

教材②　「本当はすごい」

---
1.**コ ア ラ**：コアラ だけ がユーカリのどくを分かいでき，葉を一人じめできる。どくを分かいする び生物 を，お母さんのうんこからもらう。 くさく ない食用のうんこ。
2.**イ ル カ**：てきにおそわれないように， 泳ぎ ながら左右じゅんばんに目をとじ，ねむれる。
3.**チーター**：地きゅうで 一番 足がはやく（時そく100kmいじょう），かりの 名 人。チーターのえものがほかのにく食動物のいのちをささえている。
---

4. マンボウ：数 千万 こ以上卵をうむ。卵は、ほかのいきものの いのち をささえている。

5. シロクマ：さむい北きょくでも、黒いはだは太陽の光をきゅうしゅうして 温かい 。白い毛はガラスのようにとうめいで 光 を通し、中に空気をため、体の ねつ をにがさない。

　　　内の言葉を考えながら読み、正解を書き入れさせた。

解説を加えると、「へぇ〜」「びっくり」「すげー」と声があがった。

続けて、次の発問をした。

## ❺紹介したいきものたちと比べ、人間はどんな点がざんねんなのでしょう。逆にどんな点がすごいのでしょう。

子どもたちからは次のような意見が出た。

ざんねんな点

・コアラみたいに毒を分解できない。
・コアラと違って人間のうんこは臭い。
・イルカみたいに眠りながら泳げない。
・イルカみたいに速く泳げない。
・チーターみたいに速く走れない。
・マンボウみたいに多く子どもを産めない。
・シロクマみたいに北極で生きられない。

すごい点

・料理しておいしく食べることができる。
・安全で暖かい家で安心して眠れる。
・言葉を話し、読み、書く。
・学校で計算や勉強ができる。
・工夫して便利な道具や機械を作れる。
・病気やけがを治すことができる。
・話し合いで仲直りや協力ができる。

┌─ ここで Level Up! ─┐

いきものの個性や多様性、素晴らしさが自分たち人間にも当てはまることを確認し、実感を伴った理解につなげる。

人間についても「ざんねん」と「すごい」が両方あることを確認し、「紹介したいきものたちは、本当にざんねんなのでしょうか」

と尋ねた。すると、「違う」とすぐに声があがった。

## ❻ざんねんないきものは、本当はどんないきものなのでしょうか。

ワークシートに書いて発表させると、次のようにさまざまな意見が出た。

・ざんねんじゃない。
・自分だけの特技（得意・よさ）がある。
・環境に適応した。
・命を守る進化をした。
・自然（地球）のバランスを保つ。

┌─ ここで Power Up! ─┐

「ざんねん」➡「素晴らしい」と見方を変換する問いである。この問いによって、自らの見方が大きく変わったことを子どもたちに明確に意識させる。

次のように教師が話し、学びを振り返った。

長い地球の歴史の中で、いきものたちは自分のすむ環境に合わせて変化し、さまざまな仕組みや特技を身につけてきました。それを「進化」と言います。たとえば、人間の先祖は猿に近いのですが、二本足で歩くことで前足だった手を自由に使い、道具を作れるようになりました。チーターのように速くは走れませんが、すごい力です。他のいきものから見るとざんねんに見えても、本当はざんねんではない、周りの環境に合わせて生き抜くためのすごい力、素晴らしい力なのです。

## ❼動物や魚だけでなく、素晴らしい力をもった植物もたくさんあります。

教材③を読み、身近な植物の素晴らしい知恵や力を知らせた。最後にオナモミをヒントに開発された面ファスナーの実物を見せると、「へぇ〜」「すごい」「持ってる」と声があがった。

いきものの不思議や特技・素晴らしさを図鑑や本・インターネットなどで調べてみると楽しいことを紹介して、授業を終えた。

# 教材開発 15

**●教材①　「ここがざんねん」**

1. **コアラ**：ユーカリにふくまれるもうどくをなくすために, 一日中 □ いる。子どもは, お母さんの □ を食べる。

2. **イルカ**：ねむると, □ しまう。

3. **チーター**：つかまえたえものを, ハイエナなどに, □ れる。

4. **マンボウ**：たくさんたまごをうむのに, 大人になる前に, ほとんど □ しまう。

5. **シロクマ**：毛がぬけると, はだの色は □。

**●教材②　「本当はすごい」**

1. **コアラ**：コアラ □ がユーカリのどくを分かいでき, 葉を一人じめできる。どくを分かいする □ を, お母さんのうんこからもらう。□ ない食用のうんこ。

2. **イルカ**：てきにおそわれないように, □ ながら左右じゅんばんに目をとじ, ねむれる。

3. **チーター**：地きゅうで □ 足がはやく(時そく100kmいじょう), かりの □ 人。チーターのえものがほかのにく食動物のいのちをささえている。

4. **マンボウ**：数 □ こいじょう卵をうむ。卵は, ほかのいきものの □ をささえている。

5. **シロクマ**：さむい北きょくでも, 黒いはだは太陽の光をきゅうしゅうして □。白い毛はガラスのようにとうめいで □ を通し, 中に空気をため, 体の □ をにがさない。

**●教材③　「身近にあるすごい植物」**

- **ヒマワリ**：成長期, 葉が太陽の光を受けて成長できるように, 太陽の動きに合わせて向きを変える。
- **オオバコ**：動物や人の足などに粘着質の種をつけ, 運んでもらい, 新しい場所に繁殖する。背が高い植物との競争を避け, 道端などに育つ。葉や茎には踏まれても枯れない丈夫な仕組みがある。
- **キャベツ**：葉にある辛味成分で多くの虫を撃退する。モンシロチョウの幼虫(青虫)には効果がないが, 葉を食べられると匂いでSOSを発信する。誘引されたアオムシコマユバチが青虫に卵を産み付けると, アオムシコマユバチの幼虫は青虫の体を食べて成長し, 殺してしまう。
- **オナモミ**：ひっつき虫と呼ばれる植物の種は, 人の服や動物の毛について新しい場所で繁殖する。トゲトゲの先を顕微鏡で観察すると種の鉤フックの仕組みがある。これを真似て面ファスナーがスイスで発明され, 世界中で使われている。

※**参考文献**　『いのちのふしぎがおもしろい! すごい植物図鑑』稲垣栄洋(カンゼン)
　　　　　　　『奇跡のテクノロジーがいっぱい! すごい自然図鑑』石田秀輝監修(PHP研究所)

**所見文例**

**◆ この授業で この言葉を ◆**

　「自然の不思議さ・素晴らしさ」がテーマの学習では, ざんねんないきものは素晴らしい特技をもったいきものだと気づき, 身の回りの自然やいきものの命を大切にしたいという気持ちをもつことができました。(自己の生き方)

（新潟県　渡邉泰治）

# 4. 司書さんが大切にしていること

<関連する主な内容項目>　C　勤労，公共の精神

　子どもたちと図書室（学校図書館）で本を借りていたときのことです。子どもが司書さんに「題名がわからないんだけど……おばあさんがおかし屋さんに座っている本ありますか」と質問をしていました。すると司書さんは，あれこれと手がかりとなるキーワードを聞いて，「もしかしたらこれ？」と『ふしぎ駄菓子屋　銭天堂』(廣嶋玲子：作, jyajya：絵　偕成社)を手に取りました。

　「これこれ！」と喜ぶ子どもの姿を見て，こんな様子を書いた本があったはず，と思い出しました。それが福井県立図書館の『100万回死んだねこ　覚え違いタイトル集』です。

__教材__　・『100万回死んだねこ　覚え違いタイトル集』
　　　福井県立図書館：編　講談社

写真提供：
福井県立図書館

## ■ 司書さんのつもりで本を探す

　授業の展開部分で，実際に問い合わせのあった質問をもとに，本のタイトルを考える活動を行います。クイズ形式で行うので，子どもたちが意欲的に取り組みます。タイトルのなかには子どもたちでも知っているものが含まれていますので，授業ではそれを選んで子どもたちに提示します。

　司書さんになったつもりで学習に取り組むことで，実際の司書さんの日常の仕事を体感することができます。

## ■ 学校生活に結びつける

　年度当初の図書室の活用の学習や夏休みの本の貸し出しなど，図書室を利用したときに行うと自分たちの学校生活に結びつけて学ぶことができます。また，学校司書さんをゲストティーチャーに招いて，図書室での仕事について話をしてもらうとより実感を伴った学習が期待できます。

## 指導目標

　自分の役割を果たし，働くことの充実感を味わい，みんなのために働こうとする態度を育てる。（道徳的態度）

## 準備するもの

・『100万回死んだねこ』からいくつかの事例
・福井県立図書館の写真
・学校の図書室の写真

## 授業の実際

### ❶今，学校でどんな当番活動をしていますか。

　　・給食当番　　・掃除当番
　　・委員会　　　・学級の当番活動

### ❷当番活動のなかで無理なことや困ったことをしてほしいと言われたことがありますか。そんなとき，どうしましたか。

　　・給食当番をしていて量を少なくしてほしいと言われて，ちょっとだけ少なくした。
　　・掃除のときに，ほうきと雑巾を代わってほしいって言われた。だめだよって言った。

　子どもたちから普段の生活のなかのことを語らせた。
　「今日は，お仕事をしていて，ちょっと無理なことや困ったことを言われてしまったお話です」
と話した。

　次に，「ここはどこでしょう」と，写真を提示した。すぐに「図書室！（学校図書館）」という声があがった。

　「何をするところ？」と聞くと，みな口々に「本を借りるところ」と言う。「図書館で働いている人のことを何と呼ぶか知っていますか」と問いかけ，「司書さん」（図書館司書）であることを確認した。

　「司書さんが働いていて，困ったことがありました。図書室に来た人から『本を借りたいんだけど，タイトルがわかりません……』と言われたのです」
と話し，次の発問をした。

### ❸みんなが司書さんだったら，どうしますか。

　子どもたちからは，
　　・何か手がかりを聞く。
　　・本の内容を聞いて，一緒に探す。
　　・「ごめんなさい。わかりません」と謝る。
　　・無理です！　と断る。
という発表があった。

　ここで福井県立図書館の写真を提示し，
　「この図書館で実際に問い合わせのあったお話です。司書さんになったつもりで本を探してみましょう」
と話した。

　授業では，『100万回死んだねこ』の該当するページを，利用者の質問の部分と司書さんの答えの部分に分け，拡大コピーして提示した。実際には8問出題したが，本稿では紙幅の都合で3問を以下に示す。

　「ある人が本を借りたくて図書館のカウンターにやってきて，こう言いました」

①

『100万回死んだねこ』を貸してください。

　司書さんがパソコンのデータベースで調べても，この書名の本はなかったことを伝え，
　「どんな本だと思いますか」
と，子どもたちに問いかけた。その後，司書さんの対応と答えを提示した。

データにはないですね。違う本だとすると……。

『100万回生きたねこ』ですね。

　次の2つの事例も同じように進めた。

② 『からすのどろぼうやさん』を探しています。

『どろぼうがっこう』でいいですか？

③ ウサギのできそこないが2匹出てくる絵本なんだけれど……。

『ぐりとぐら』のことでしょうか。

┌─ ここで Level Up! ─┐
発問❸はクイズのように利用者の求める本を考えることで全員を授業に参加させることができる。教師が利用者，子どもたちを司書さんとして役割演技をさせても効果的である。
└────────────┘

タイトルや著者を探す活動を楽しく行った後，次のように問いかけた。

### ❹司書さんになったつもりで本を探してみた感想を発表しましょう。
・よく見つけたなあ。
・ヒントが難しすぎ。
・本をたくさん知っている。
・ふつうはわからない！
・断らないのがすごい！

出された意見を認めた上で，
「普通だったら，『わかりません。データにありません』と言って終わりでしょう」
と返して，発問❸での自分たちの考えを振り返らせた。

### ❺なぜ司書さんはタイトルがわからないのに本を探したのでしょうか。
・何とか探してあげたいと思ったから。
・優しい司書さんだったから。

・本を借りたい人を助けたくなった。
・それが仕事だから責任をもっている。
・借りる人の笑顔が見たいから。

┌─ ここで Power Up! ─┐
司書さんの行動を通して，さまざまな価値が子どもから出される。この発問で多面的・多角的なものの見方で考えさせることが可能になる。
└────────────┘

発言が出尽くしたところで，「レファレンスサービス」について説明した（内容は86ページを参照）。その後，「みんなも図書室で本を借りる以外に使ったことがあるでしょう」と話すと，「総合的学習の時間のときに司書さんに参考になる本を教えてもらった」「社会科の調べ学習で使ったことがある」など，自分の経験をもとにした発表があった。

### ❻図書館で働く人がいちばん大切にしていることは何だと思いますか。
子どもたちの意見は次の2つに分類された。
**本の知識**
・本をたくさん知っていること。
・いろんな本を読んで勉強すること。
**利用者とのコミュニケーション**
・借りる人に優しくすること。
・いっしょに本を探してあげること。
・借りた人が喜んでくれるようにすること。

2つのうち「どっちの思いが強いのかな」と子どもに挙手させたところ，後者の方が多かった。続けて，子どもたちに図書館司書さんの思いを伝えた（『100万回死んだねこ』p.184〜186参照）。

「本が好きで詳しいことや図書館全体について勉強することは，司書なら当たり前のこと。それ以上に，本を提供するためには，利用者とちゃんとコミュニケーションをとっていろんなことを聞き出さないと仕事にならない。読みたい本をリクエストしてもらっただけで喜べる仕事です」

最後に「今日の授業から自分を省みましょう」と話し，ノートに自分の考えを書かせて授業を終えた。

 **教材開発 16**

●福井県立図書館のウェブサイト https://www.library-archives.pref.fukui.lg.jp/tosyo/index.html

　福井県立図書館のウェブサイトには，「覚え違いタイトル集」のコーナーがあり，「覚え違い？」「こうかも！」と利用者と図書館司書さんのやり取りが公開されている。

●レファレンスサービス

> 　レファレンスサービスは，司書が図書館の資料等を用いて，利用者のみなさんの調査・研究をお手伝いすることです。資料の案内に加えて，お探しの情報に関連する機関などをご紹介することもあります。学術的な問い合わせに限らず，身近な事柄に関する調べものももちろん対象にしています。
> 　さらに細かく言えば，利用者からの質問に対して回答するという直接的サービスと，利用者が調べものをしたり資料を利用したりしやすいように環境を整える間接的サービスとがあります。「覚え違いタイトル集」はいわば，直接的サービス（カウンターでの質問・回答の記録）を，ほかの利用者の助けになるようにリスト化し公開して間接的サービスにつなげたものです。　（『100万回死んだねこ』p.172）

●子どもたちの振り返り

- 司書さんがタイトルのわからない本を探してくれるのは，仕事を一生懸命やっているからだとわかりました。私も司書さんみたいに今の当番活動を一生懸命がんばりたいです。
- 司書さんは本が好きなんだなと思いました。タイトルのわからない本を見つけてあげるのは，さすがプロの仕事だ，と思いました。
- 私も当番をしているときに困っている人がいたら，司書さんみたいに優しく助けてあげようと思いました。

 **所見文例**　◆ この授業で この言葉を ◆

> 　図書館司書さんの仕事について考えた授業では，タイトルがわからなくても利用する人と借りたい本を一緒に探す姿について自分なりの思いを発表し，自分もみんなのために働けるようになりたいとノートにまとめました。（多面的・多角的な考え）

（島根県　広山隆行）

# 5. デイ・ドリーム・ビリーバー
## 〜忌野清志郎さんの母に捧げる感謝の歌〜

＜関連する主な内容項目＞　Ｃ　家族愛，家庭生活の充実

「デイ・ドリーム・ビリーバー」。ちょっと懐かしく，ちょっと切ないメロディー。私の好きな一曲でした。この曲は2009年に亡くなられたミュージシャン，忌野清志郎さんがアメリカのバンド，モンキーズの曲に日本語詞をつけてカバーしたもの。今もコンビニのＣＭに挿入されたり，多くの方がカバーして歌ったりしています。

ふと，この曲が流れていたラジオ番組で，歌詞に出てくる「彼女」の意味について知りました。「彼女」＝「清志郎さんのお母さん」だったのです。

教材　・歌「デイドリーム」モンキーズ
　　　・歌「デイ・ドリーム・ビリーバー」ザ・タイマーズ

写真提供：ベイビィズ

### ■「恋愛の歌」から「家族への感謝の歌」への イメージ転換

　普通にこの曲を聴くと，恋愛の歌，失恋の歌だと捉えます。歌に出てくる「彼女」という言葉がそう連想させます。でも，歌詞の「彼女」が「お母さん」だとすれば，歌のイメージが一変します。「彼女」の部分を「お母さん」と置き換えて歌詞を読むことで，忌野清志郎さんのお母さんとの関わりやお母さんへの思いが伝わってきます。

### ■ こどもの日・母の日の近くや参観日などで

　祝日の５月５日「こどもの日」について，正確な意味を知っている人は案外少ないのではないでしょうか。祝日法には「……こどもの幸福をはかるとともに母に感謝する日」とあります。こどもの日は，子どもたちがお祝いをしてもらうだけではなく，母へ感謝する日でもあるのです。５月の中ごろに実施すると"旬の授業"になります。

## 指導目標

家族の無私の愛情に気づくとともに，家族に感謝し，自分も家族のために何かをしようとする態度を育てる。（道徳的態度）

## 準備するもの

・歌「デイドリーム」モンキーズ
・歌と歌詞「デイ・ドリーム・ビリーバー」ザ・タイマーズ（配付用）
・メッセージ用のカード（配付用）

## 授業の実際

「先生の好きな曲です。みんなにも紹介しますね」と授業の開始と同時にモンキーズの「デイドリーム」を流した。授業では電子黒板を使って，YouTubeの動画を流した。

曲の1番が終わったところで曲を止め，「聴いたことがありますか」と聞いた。英語の歌詞だが，「コンビニで流れていた気がする」「テレビで聴いた気がする」と耳にした子どもも多かった。

レコードのジャケット写真を提示し，「1966年にデビューしたアメリカのロックバンドが作った曲です」と説明した。

「この曲を聞いて，先生みたいに『いいなぁ』と思った方がいます。『この方です』」と言って，写真を提示した。

「忌野清志郎さんという歌手です。清志郎さんは，このメロディーに日本語の歌詞をつけることにしました。その曲がこれです。聴いてみましょう」

- - - - - **┤ここでLevel Up!├** - - - - -

授業の導入で音楽を聴かせたり，実際に歌っている映像を見せたりする。この後，歌詞の内容を考える際にイメージが深まりやすい。文字情報だけでなく，映像や音楽によって授業の興味・関心が高まる。

この曲いいなぁ。

日本語で詞をつけてみよう。

1番だけ曲を流した。曲が流れている際に，サビの部分を口ずさむ子どももいた。

口ずさんでいる子どもに「どんな感じ？」と問いかけると，「何だかリズムがいい感じ」「心が安らぐ感じ」という意見を言ってくれた。

「清志郎さんは，曲に合わせて今聴いてもらった『デイ・ドリーム・ビリーバー』という詞を書きました。」

### ❶ 清志郎さんが若いころに，ある出来事がありました。そのすぐ後，この詞を書いたそうです。いったいどんな出来事があったのでしょう。

歌詞を全員に配付し，今度はもう一度，清志郎さんの歌う映像を全部流した。そして，何があったと思うか，ノートに書かせた。早く終えた子どもには，「どうしてそう思ったのか理由があれば書いておいてね」と指示をした。

子どもたちからは次の意見が出された。

・彼女にふられた。
・彼女が亡くなった。

多くの子どもが「彼女にふられた」という意見だった。理由は次のようなものだった。

・「ケンカしたり，仲直りしたり」ってあったから。
・「遠い思い出」って言っているから，もう別れちゃったんだと思う。
・写真の中でほほえんでいるのは，昔，つきあっていたころの写真なんじゃないかな。

「彼女が亡くなった」という子どもが2人いたので聞いてみると

・写真の中でほほえむっていうのは，亡くなったときの写真なんじゃないかなって

思った。
・もう「どこにもいない」って言っている
　から，亡くなったのかなって思った。
　一通りの意見を聞き，次のように説明した。
「清志郎さんの身に起こった出来事とは，
お母さんが亡くなられたことだったのです」
　子どもたちからは「え～っ！」という声が
あがった。「何が，え～っ！なの」と聞くと，
「まさかお母さんだとは思わなかった」とい
うことだった。

## ❷「彼女」という言葉を「お母さん」という言葉に変えて読んでみましょう。

どんな感じがしますか。
　みんなで歌詞の「彼女」の部分を「お母さ
ん」に変えて音読した。子どもたちの感想は
次のようなものが出た。
・何だか悲しくなってきた。
・お母さんとのやり取りが見える気がする。
・清志郎さんがお母さんのことが大好き
　だった感じがする。
・歌のイメージがなんか変わった。

## ❸清志郎さんにとって，お母さんはどんな方だったのでしょうか。

・優しいお母さん。
・温かい感じのお母さん。
・けんかもするけれど，すぐに仲直りでき
　る仲の良い親子だったと思う。
・清志郎さんの夢をいつも応援してくれる人。
「きっと清志郎さんにとってすてきなお母
さんだったんだろうね」と話した。
　授業では，このようにまとめた。
　実際の清志郎さんは，3歳のときに実母を
亡くし，実母の姉である養母に育てられてい
る。実母が別にいると知ったのは，養母の死
から2年後の養父が亡くなった際に親戚から
教えられたということを「徹子の部屋」(テレビ
朝日　2002年8月14日放送)に出演したときに語っ
ている。
　また著書『ネズミに捧ぐ詩』(KADOKAWA)
の中で私小説風に母への思いをつづっている。
具体的に実母か継母かについては書かれてい
ないが，ここは読者に委ねられる部分かもし

れない。学級の実態に応じて話してもよい。

## ❹ところで，この前の5月5日はこどもの日で祝日でしたが，いったい何をする日ですか。

・子どもをお祝いする日！
・子どもにおこづかいをあげたり，おも
　ちゃを買ってあげたりする日！
「みんなはそう思っているでしょう」と子
どもたちの意見を受け止め，法律的な意味を
説明した。

> 子どもの人格を重んじ，子どもの幸福
> をはかるとともに母に感謝する日

「子どもの日は母に感謝する日でもあるんで
すね」と話した。そして，「5月には，母の日
があったのを知っていますか」と問いかけた。
　「知ってる！」「カーネーションをあげた」
という子どもがいたので，母の日についても
説明した。

## ❺母の日もあったし，父の日も6月にありますね。家族はみんな，あなたたちのことを思ってくれています。今日はみんなもおうちの人に，感謝のメッセージを書いてプレゼントしましょう。

全員に小さなメッセージカードを配付し，
今日の宿題は家族にメッセージカードを渡す
ことだと伝えた。

### ここでPower Up!

　実際にメッセージカードを書く活動
を行う。高学年になると，なかなか感
謝の言葉を言いにくくなる。授業とい
う場を用いて，たった一言でもいいか
ら感謝の言葉を書くことを通して道徳
的な態度を養うことができる。

なお学級には，さまざまな家庭環境の子ど
もがいる。学級の実態に応じて言葉を配慮し
て実践したい。
　最後にもう一度，曲を流して授業を終えた。

### ●母の日（5月第2日曜日）について

1908年にアメリカで始まり，当日，母の生きている人は赤，生きていない人は白のカーネーションを胸につけたり，母親に贈ったりすることが習慣となった。1914年ウィルソン大統領によって5月の第2日曜日が「母の日」と制定された。

日本には第二次世界大戦後この風習が広まり，赤いカーネーションを母に贈るようになり，母を失った者は白いカーネーションを霊前などに供えることが行われるようになった。

※参考文献　『日本大百科全書（ニッポニカ）』『日本国語大辞典』（共に小学館）

### ●子どもの書いた家族へのメッセージカード

手紙の形で渡してもよい。

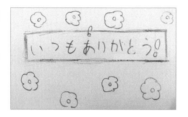

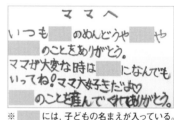

ママへ

いつも　　のめんどうや　　やのことをありがとう。
ママが大変な時は　　になんでもいってね！ママ大好きだよ♥
のことを産んでくれてありがとう。

※　　には，子どもの名まえが入っている。

### ●板書

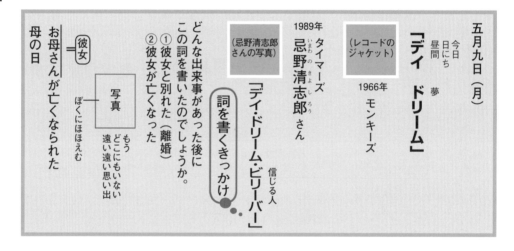

---

所見
文例

### ◆ この授業で この言葉を ◆

「デイ・ドリーム・ビリーバー」の歌から家族の大切さについて考えた授業では，忌野清志郎さんが母親へ向けた感謝の気持ちを理解し，自分も家族に何かしたいという思いをメッセージカードに書きました。（道徳的諸価値の理解，自己の生き方）

（島根県　広山隆行）

# 6.先生たちが伝えたい言葉

<関連する主な内容項目>　C　よりよい学校生活，集団生活の充実

　私たち教師は，「こんな子どもに育ってほしい」という思いをもって毎日子どもたちと接しています。でも，思いは目には見えません。その思いがなかなか子どもたちに伝わらずに，悩んでしまうこともあります。

　そんな教師の思いを「○○小の先生たちが伝えたい言葉」として，全校道徳で伝えてみました。全校で，または学年（学年部）担任で行えば，低・中・高全学年で実施可能な授業です。

教材　・**先生たちからのメッセージ**
　　　　**「○○小の先生たちが伝えたい言葉」**
　　　　自作教材

### ■ 先生の言葉が教材

　私たちは，周りの人からのさりげない一言で，元気づけられたり，これからの自分の生き方のヒントをもらったりすることがあります。学校生活において，子どもたちのいちばん身近にいる大人は，教師です。教師の言葉を教材にしたのが，この授業です。

　担任の教師はもちろん，同学年，できれば全員の教師の言葉を教材にして授業を構想してみてください。教師からのメッセージは，必ずや子どもたちの心に響くはずです。

### ■ 保護者との連携

　家に帰れば，子どもたちのいちばん身近にいる大人は自分の家族です。授業後は，「おうちの人からのメッセージ」を道徳の宿題としてインタビューをしてきます。そして，授業の続編として，その言葉を学級で発表し合います。短冊に書いて教室などに掲示するのもお勧めです。

　友達がどんな言葉をもらってきたのかを知ることで，自分だけではなく学級のみんなが家族から大切にされていることに気づきます。道徳授業を通して，保護者との連携を進めていきましょう。

## 指導目標

先生たちからの言葉を受け止めて，自分を支え励ましてくれる人に感謝の気持ちをもちながら充実した学校生活を構築しようとする意欲をもたせる。（道徳的実践意欲）

## 準備するもの

・先生たちからのメッセージ（94ページに掲載，配付用）　事前に教職員にアンケートをとり，まとめておく。

## 授業の実際

2022年9月27日に，「全校道徳」として児童約600人を対象に体育館で行った授業である（パソコンとプロジェクター使用）。

最初に，9月のカレンダーを映して，
「4日前の23日金曜日はお休みでしたね。何の日だったのでしょうか」
と尋ねた。すると，低学年の子どもたちから「秋分の日」という声があがった。
「その通り。秋分の日です」
と言って，次の発問をした。

**❶「秋分の日」とは，どんな日なのでしょうか。**

子どもたちの間を回りながら挙手した子にマイクを向けて発言を求めた。

出された意見でいちばん多かったのは，「夏と秋が分かれる日」「今日から秋ですよ，という日」というものだった。

ここで，右の内容のスライドを提示して，秋分の日の意味を伝えた。
「お墓参りに行った人？」

> **秋分の日**
> 祖先をうやまい，なくなった人をしのぶ

と聞いたところ，半分ほどの子どもたちの手が挙がった。

次に，中秋の名月（2022年は9月10日）の話をした後，カレンダーに注目して，
「中秋の名月と秋分の日の間に，もう一つお休みの日がありました。何の日ですか」
と尋ねた。19日月曜日が「敬老の日」であることを確認して，次の発問をした。

**❷「敬老の日」とは，どんな日なのでしょうか。**

発問❶のときと同様に発言を求めた。
・おじいちゃんやおばあちゃんに「ありがとう」を伝える日
・お年寄りを大事にする日
・いつもお世話になっているおじいちゃんやおばあちゃんに，「これからも長生きしてね」という気持ちを伝える日

それぞれ自分の経験に基づいた考えが出された。どれも正しい考えであることを話し，右のスライドを提示して敬老の日の意味を説明した。

> **敬老の日**
> 多年にわたり社会につくしてきた老人を敬愛し，長寿を祝う

> **ここで Level Up！**
>
> ここまでが，少々長めの導入である。本時の目標や内容項目とは別の内容も含まれるが，自分たちの日常を見つめる意味で，季節や日本の文化に関する内容も大事に，かつ積極的に取り上げる。

ここで，
「ある会社で，敬老の日にちなんでおじいちゃん・おばあちゃんにアンケートをしました。『子どもたちに残したい言葉は何ですか』というアンケートです」
と話し，次の発問をした。

**❸このアンケートで，1位になった言葉は何でしょうか。**

三択クイズの手法で一つを選ばせた。挙手で確認したところ，「①ありがとう」がいち

ばん多かった。

　結果は「③いただきます」であることを知らせて，

| ①ありがとう |
| --- |
| ②いっしょうけんめい |
| ③いただきます |

「どうして，おじいちゃんとおばあちゃんは，『いただきます』という言葉を子どもたちに残したいと思ったのでしょうか」
と聞いた。すると，

　・食べ物を大事にしてほしいから。

　・感謝して，残さずに食べてほしいから。

　・生き物の命をいただいているから。

という発言があった。

※参照『とっておきの授業Ⅳ』p.99〜102

　発表を聞いた後，
「今回は，先生方にも，同じアンケートをしてみました」
と言って，スライドを提示した。子どもたちからは，「おー」という期待いっぱい？の声があがった。

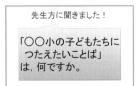

先生方に聞きました！
「〇〇小の子どもたちにつたえたいことば」は，何ですか。

## ❹トップ4には，どんな言葉が入ったと思いますか。

　学級での授業であれば，その言葉やそう考えた理由などを話し合いたいところだが，全校道徳なので数名にマイクで発表させた後，結果を知らせた。第3・4位と第1・2位は，それぞれ2つずつ同数の結果だった。

第3・4位
　・夢，目標をもつ
　・大切なものは，目には見えない
第1・2位
　・みんなちがって，みんないい
　　あなたはあなたでいい
　・素直な心・思いやりの心を大切に

　結果は，1枚ずつスライドで提示した。子どもたちは，その都度，「ああ，なるほど」「へぇー」とそれぞれに反応しながら結果を聞いていた。

　ここでは，どの先生からの言葉なのかは知らせずに，

「担任の先生が，みなさんにどんな言葉を伝

えたいと思ったのかは，この後，教室に戻ってから担任の先生から聞いてください」
と話した。

### ここでPower Up!

　道徳授業で大事にしたいのは，やはり担任と児童とのつながりである。全校や学年で行う道徳授業でも，最後は担任の思いが児童に伝わるようにする。

「では，職員室の先生を代表して，M先生（教務主任）と教頭先生はどんな言葉を選んだのかを聞いてみましょう」
と話し，2人に語ってもらった。

**M先生**

「ありがとう　ごめんなさい」

**教頭先生**

「おたがいさま　おかげさま」

　この言葉を選んだ理由として，教務主任からは「感謝の気持ちをもつこと。そして，何か失敗してしまっときには素直な心で謝ることが大切です」という話があった。教頭からは「誰かが困っていたら『おたがいさま』，自分がうまくいったら『おかげさま』という気持ちを忘れないでください」という話があった。子どもたちは，1年生から6年生まで全員が真剣な表情で聞いていた。続いて，

「英語のメッセージが1つありました」
と言って，ALTの英語のメッセージを伝えた。その後，校長（私）が伝えたい言葉は「だいじょうぶ　なんとかなる」であることを話し，つらいことがあっても前を向いて進んでほしいことを伝えた。

　最後に，全員に道徳の宿題を出した。

## ❺おうちの人に「ぼく・私に伝えたい言葉は何ですか」と聞いてきましょう。

　事前に保護者向けのプリントを準備しておき，その日のうちに各家庭に配付した。プリントには，全校道徳で「先生たちが伝えたい言葉」の授業をしたこと，その続きとして「家の人が伝えたい言葉」を書いてほしい旨を記した。

　その後，教室に戻り，担任から子どもたちへ「伝えたい言葉」についての話をした。

## 教材開発 18

●**教材**　先生たちからのメッセージ

---

### ～　先生からみんなへ　伝えたい言葉　～

①<u>大切なものは，目には見えない</u>　　　　②やる気・元気・根気・本気・勇気を大切に！
③（自分たちの学校）って何？　　　　　　④自分で考えて，よりよい行動をする
⑤今できることにたくさんチャレンジしてほしい　⑥自分の言葉は自分が一番聞いている
⑦自分をあきらめない　　　　　　　　　　⑧継続は力なり
⑨あなたはずっと愛されているよ　　　　　⑩<u>素直な心・思いやりの心を大切に</u>
⑪なせば成る　　　　　　　　　　　　　　⑫経験を大事に
⑬自分事　　　　　　　　　　　　　　　　⑭おたがいさま　おかげさま
⑮ありがとう　ごめんなさい
⑯私も大切。あなたも大切。お互いに思い合うことが大切
⑰<u>夢，目標をもつ</u>
⑱人生という道は，分岐点の連続です。その一つ一つを大切にしてください
⑲<u>みんなちがって，みんないい</u>　　　　　⑳<u>他人と比べない。あなたはあなたでいい</u>
㉑己の欲せざる所，人に施すことなかれ
㉒大変，大変と言うけれど，大変なときこそ人が大きく変わるとき（成長）。いろんなことにチャレンジしよう
㉓小さな一歩でもいい　その一歩が人生を変える　㉔雨降って地固まる
㉕友達や相手のことを考えて行動できる人になろう　㉖今を楽しもう!!
㉗友だちを大切にしよう　　　　　　　　㉘あたりまえじゃない あたりまえ
㉙健康第一　　　　　　　　　　　　　　㉚継続は力なり
㉛Confidence is key!　Try your best and don't be afraid to make mistakes.
　Nobody is perfect right from the beginning.
㉜大丈夫　何とかなる

---

　全職員からアンケートを取り，まとめた。下線が，同義が複数あった言葉である。全校道徳では，このなかからトップ４として，「夢，目標をもつ」「大切なものは，目には見えない」「みんなちがって，みんないい」「あなたはあなたでいい」「素直な心・思いやりの心を大切に！」を子どもたちに伝えた。その後，「学校だより」ですべてのメッセージを紹介し，全保護者に配付した。

　宿題の「ぼく・私に伝えたい言葉」は，この授業の続編として各学級で発表し合い，短冊にその言葉を書いて学級内や廊下などに掲示した。

**所見文例**

### ◆ この授業で この言葉を ◆

> 　「先生が伝えたい言葉」の学習では，校長先生の「大丈夫　何とかなる」という言葉の意味をこれまでの自分の生活に結びつけて考え，「何か失敗をしても，そのことをくよくよせずに，またがんばればいい」という意見を発表しました。（自己を見つめる）

（山形県　佐藤幸司）

# 着眼点の極み

なるほど！　授業づくりの目の付けどころは，こんなところにあるんだね。

1. 「コボちゃん」は心がほっこり
2. 本物じゃないからこそ
3. 「ざんねん」は「すごい」‼
4. 司書さんが大切にしていること
5. デイ・ドリーム・ビリーバー
6. 先生たちが伝えたい言葉

道徳の教材開発は，そこに"子どもたちに伝えたい何か"を感じた瞬間から始まります。教師は，その「何か」に気づく感性を磨かなければなりません。

優れたオリジナル実践には，それぞれ授業づくりの着眼点があります。授業者の思いがたっぷり詰まった6実践です。

## 1.「コボちゃん」は心がほっこり

4コマ漫画は，基本的に起承転結でストーリーが構成され，「結」のコマに作品のテーマが表されていることが多い。この教材の4コマ目で，コボちゃんは「虹ってきっと空からのおわびのしるしだと思う」と言っている。「なるほど，そうだったのか」と妙に納得させられる言葉である。

「コボちゃん」には，自分にもどこか思い当たる場面が出てくる。そして，家族との心の交流が描かれている。「コボちゃん」が愛され続ける理由は，このあたりにありそうだ。

## 2. 本物じゃないからこそ

「本物」という言葉に，悪いイメージは微塵もない。芸術や学問はもちろん，食材も養殖よりも天然の本物が最高である。でも，それは本当だろうか。本物を崇高するあまり，考え方が窮屈になっていないだろうか。違法なコピーやまがい物は論外だが，アイデアと工夫次第で生活がもっと豊かになることもたくさんありそうだ。

内容項目「真理の探究」の道徳授業に，新たな一石を投じる斬新な実践である。

## 3.「ざんねん」は「すごい」‼

　動物には，種によってそれぞれ特徴がある。授業者は，その特徴を動物の「個性や多様性」と捉え，発問❺で人間にも当てはめて考えさせる。そして，発問❻で「ざんねん」を「すばらしい」に変換する。この問いの流れで，子どもたちの新たな学びが鮮明になる。

　書店の児童書コーナーに行くと，『ざんねんないきもの事典』シリーズがずらりと並んでいる。子どもたちに大人気の本を使った"鉄板の道徳授業"である。

## 4. 司書さんが大切にしていること

　自校の図書室での子どもと司書さんとのやりとりを見て，ある本を思い出した……。これが，この授業が生まれたきっかけである。通常，教材開発は，資料との出合いがさきにある。次に，授業を構想・実践して，授業での学びが実生活での行動につながっていく。

　しかし，この授業は，逆の流れをたどっている。授業者が目にした司書さんの姿は，授業後にめざす子どもの姿そのものである。

## 5. デイ・ドリーム・ビリーバー

　ずっと心に残る歌がある。それは，旋律の美しさだったり，歌詞の奥ゆかしさだったりする。

　母への感謝の気持ちは，言葉でどう表せばいいのかわからない。言語化できない。母を自分の「クイーン」と呼ぶ気持ちは，子どもたちは今すぐには理解できないかもしれない。だが，将来きっとわかる日が来る。

　即効性はなくても，いつまでも心の奥で生き続ける。そんな道徳があっていい。

## 6. 先生たちが伝えたい言葉

　道徳授業づくりの根底には，「こんな子どもたちを育てたい」という教師の思いがある。思いは，思っているだけでは伝わらない。だから，その思いを短い言葉にして，子どもたちに伝えたい。

　体育館での全校道徳の後，教室に戻って担任からの言葉を聞く。家に帰ってからは，「おうちの人」からの「伝えたい言葉」を受けとり，次の道徳の時間に学級で発表し合う。学びに連続性が生まれる実践である。

（編者　佐藤幸司）

# 第 **4** 章

# 身近で見つけた素材で
# 教材開発

第**4**章

身近で見つけた素材で
教材開発

## 第4章の内容

# 1. 傘でつないだ優しい心

<関連する主な内容項目>　B　親切, 思いやり

　ある日の新聞に,「優しい心　傘でつなぐ」というタイトルで, とてもすてきな投書が掲載されていました。大雨の日, 祖母は男性に傘を貸しました。それを見ていた男子中学生が, 今度は自分の傘を祖母に貸したという実話です。

　優しさの連鎖は, 周りにいるみんなを笑顔にしてくれることを子どもたちに伝えたいと思いました。

教材　・「優しい心　傘でつなぐ」
　　　細田愛美：投書　読売新聞　2022年7月28日

### ■ 身近にある温かい出来事

　使用するのは, 実話（新聞投書）をもとにした教材です。私たちの周りには, 心温まる出来事がたくさんあります。子どもたちには, 価値あるものに気づく目をもたせたいものです。

　そして, 自分もその当事者になって, 身近にいる人たちに温かい心で接していこうとする思いを育てていきます。

### ■ ペープサートと語りで

　新聞記事は有効な道徳教材になりますが, 内容や表記は基本的には大人向けなので, 低学年の子どもには難解な場合があります。けれども, 与え方を工夫することで, その内容を理解させ, そこに含まれる道徳的な価値を伝えることも可能です。

　この授業では, 5人の登場人物のペープサートを準備して, 教師の語りで教材のストーリーを伝えて授業を展開していきます。

## 指導目標

　身近にいる人に広く目を向け，困っている人に温かい心で接し，親切にしようとする態度を育てる。（道徳的態度）

## 準備するもの

・傘（実物）
・ペープサート（102ページに掲載，提示用）
　①女子大学生，②おばあちゃん，③男性，
　④男子中学生，⑤お巡りさん
・資料「優しい心　傘でつなぐ」（102ページに掲載）

## 授業の実際

　最初に，教卓の下に準備しておいた傘を取り出した。十分に距離をとり，安全に気をつけて子どもたちのほうを向けて開いた。
　これだけで，子どもたちからは「お〜っ！」という歓声があがった。「これは，何ですか」と聞くと，当然ながら「傘です」という声が返ってきた。
　そこで，漢字で【傘】と黒板に書き，「かさ」と読み仮名をふった。

### ❶「傘」という漢字を見て，どんなことに気づきますか。

　最初に挙手をした子から，
「かさの形をしているみたいです」
という発言があった。そこで，黒板の前に来て，どのあたりが傘の形に見えるのかを発表させた。続いて，
「『人』が４人いるみたいです」
という意見が出された。同じように黒板の前で説明をさせた。そして，「人」に見える部分を４つ，色チョークでなぞった。
「本当だね。人が４人いるみたいだね」
と話すと，子どもたちから，
　・大きな傘だと，４人入れる。
　・急に雨が降ったら，４人で仲良く傘を使うといい。

・大人の人用の大きな傘かな。
という発表があった。

┌─────── ここで Level Up! ───────┐
　実物の傘を題材にして，少々長めの導入時間をとる。漢字「傘」から４人の人が仲良く助け合っているイメージをもたせ，教材「優しい心　傘でつなぐ」へとつなげていく。
└─────────────────────────────┘

　「いろいろなことを考えることができて，すごいですね」と子どもたちの考えを認めた後，漢字の由来には諸説あること，「傘」は骨組みの形からつくられた漢字だといわれていることを話した。
　ここで，「今日は，この人のお話を聞いて勉強します」と言って，女子大学生の絵（ペープサート，以下同様）を提示して，次のように話した。
　「この人は，大学生で名前を細田さんといいます。これは，細田さんが自分のおばあちゃんから聞いた本当の話です（おばあちゃんの絵を提示）」
　「ある日，おばあちゃんがバスで帰る途中，雨が強く降ってきました。バス停で降りると，おばあちゃんは一緒に降りてきた男の人に自分の傘を貸しました（男の人の絵を提示）」

### ❷おばあちゃんは，どうして男の人に傘を貸したのでしょうか。

　「この男の人は，知っている人ですか」
という質問があったので，偶然に同じバスに乗っていた知らない人であることを伝えた。
　子どもたちからは，
　・雨が降っていて，自分は元気だから傘がなくても大丈夫だったから。
　・バス停から自分の家まで近いし，この男の人は傘を持っていなくて大変そうだったから。
　・この人はかぜをひくと大変だと思ったから。
という考えが出された。
　意見が出尽くしたところで，この男の人は足に障害がある様子だったので，おばあちゃんは少しでも助けたいと思ったことを話した。
　続けて，

「すると，男子中学生もこのバスから降り
てきました」
と言って，男子中学生の絵を提示した。

## ❸この様子を見ていた男子中学生は，どうしたでしょうか。

話の流れ・雰囲気から，何かよい行いをし
たであろうと想像できる。クイズ的な問いか
けをして，自由な発想で考えさせた。

・「ぼくの傘を使ってください」と言って
　男の人に傘を渡して，おばあちゃんの傘
　を返した。
・おばあちゃんに「一緒にどうぞ」と言っ
　て，傘を一緒に使った。

発表を聞いた後，実際の場面をペープサー
トを使って劇風に伝えた。

この傘を使っ
てください。

それでは
あなたが困
るでしょう。

大丈夫です。傘は後で近
くの交番に届けてください。

このような会話の後，彼は雨の中を走り
去ったということである。

## ❹おばあちゃんは，どんな気持ちになったでしょうか。おばあちゃんの言葉で考えてみましょう。

ここは，多面的な見方ができるようにする
ために，おばあちゃんの思いを考えさせる。
次のような意見が出された。

・なんて優しい中学生なんだろう。雨に濡
　れてかぜをひかないといいけれど……。
・私が男の人に傘を貸したのをちゃんと見
　ていてくれたんだね。
・雨がやんだら，忘れずに警察に傘を届け
　よう。お礼の気持ちを伝えたいな。

子どもたちの発表を聞いた後，後日，おば
あちゃんが警察に届けた傘が無事，少年に返
却されたと連絡があったことを伝えた。そし
て，「このことを聞いた細田さんは，こんな
ふうに話しています」と言って，ペープサー

トと吹き出しを使って提示した。

やさしさがつながった
できごとで，わたしの心
もあたたかくなりました。

## ❺誰の優しさがつながったのですか。

出された意見をもとに，黒板に整理した。

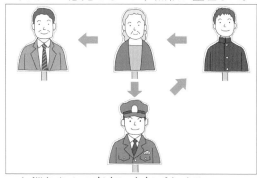

お巡りさんの存在にも気づかせる。
「優しさの連鎖」について確認した後，次
のように聞いた。

## ❻このお話で，心が温かくなった人は誰ですか。

最初に，話の主である「細田さん」という
声があがった。続けて，「おばあちゃん」「最
初に傘を貸してもらった男の人」という発表
があった。

「ほかには，いませんか」とさらに聞いた
ところ，

・お巡りさん
・それを見ていたバスの運転手さん
・バスに乗っていた，そのほかの人
・男の人の家族の人

という発表があった。

------- ここでPower Up! -------
発問❻のように，教材全体の内容に
注目させて問うことで，子どもたちの視
野が中心人物だけではなく，その周り
の人たちへも広がっていく。

最後に，「今日の道徳で学んだこと」をノー
トに書かせ，グループ内で発表をしてから授
業を閉じた。

**教材開発 19**

● **教材** 「優しい心 傘でつなぐ」 細田愛美：投書（読売新聞 2022年7月28日）をもとに，授業者が教材を作成

登場人物5人のペープサート

女子大学生　　　　　　　　おばあちゃん　　　　　　　　男性

男子中学生　　　　　　　　お巡りさん

● **資料** 「優しい心 傘でつなぐ」 細田愛美：投書 読売新聞 2022年7月28日

> ### 優しい心 傘でつなぐ　　大学生　細田愛美　22（千葉県船橋市）
>
> 　大雨の日，70代の祖母は同じバス停で降車した男性に自分の傘を貸した。男性が足に障害をもっている様子だったので，少しでも助けたいと思ったからだ。
> 　すると，祖母と男性のやり取りを見ていた男子中学生が，祖母に「これ，使って」と自分が持っていた傘を渡し，「傘は後で近くの警察に預けてください」とだけ言い残し，走り去ったそうだ。祖母は少年の優しさがうれしかったと話していた。
> 　後日，祖母が警察に届けた傘が無事，少年に返されたと連絡があった。男性に傘を貸した祖母の優しさ，その祖母に傘を貸した少年の優しさ，優しさが連鎖した出来事を祖母から聞き，私の心も温かくなった。そして，自分も困っている人に傘を渡せる人でありたいと強く思った。

**所見文例**

◆ この授業で この言葉を ◆

> 　雨の日に傘を貸した話で「優しさ」について学習したときには，相手の気持ちを考えて行動をすると，みんなが笑顔になることに気づき，これからの自分の行動に結びつけて考えを発表することができました。（自己の生き方）

（山形県　佐藤幸司）

# 2.ありがとうの力
## ～ありがとうは無限の力～

<関連する主な内容項目＞　D　よりよく生きる喜び

　コロナウイルス感染拡大がなかなか収束しない状況のなかで，希望をおくる道徳授業ができないかと模索していたとき，一人の中学生の作文と出会いました。

　「ありがとうの力」について自分の経験をふまえて書かれた，この作文から希望を与えてもらえるはずです。「ありがとうの力」を知り，広げていくことで，温かなクラス，世の中になっていくのではないかという願いを込めて，この授業を創りました。

教材　・第62回　社会を明るくする運動
　　　福島県作文コンテスト優秀作品
　　　「ありがとうの力」

小野町立浮金中学校1年　藤井万希子

### ■ 自分の気持ちに正直になることが夢への近道

　展開場面では，「ありがとう」が広がるとどのような変化が生まれていくのか，意見を出し合います。普段，何気なく当たり前に使っている「ありがとう」が広がると，どうなるのか考えることで，これまで気づけなかった，「ありがとう」という言葉の素晴らしさに気づいていくはずです。そこから，自分だけの「ありがとうの力」を見つけていってください。

### ■ 親子道徳でこの授業を

　本実践は授業参観で行いました。この教材は子どもたちだけではなく，大人も深く考えさせられる教材です。高学年になると思春期に突入し，心では「ありがとう」と思っていても，素直に自分の気持ちを表現できないときもあります。そのような多感な時期に授業参観という機会を活用して一緒に考えることで，家庭でも「ありがとう」を広げていくきっかけになればと思い，実践を行いました。

## 指導目標

「ありがとう」の力に気づき，自分の身の回りに「ありがとう」を広げ，夢や希望のある生き方をしようとする意欲を高める。（道徳的実践意欲）

## 準備するもの

・教材 「ありがとうの力」（№1，№2）（106ページに掲載）
・ハート型に切った色画用紙

## 授業の実際

最初に，今日のテーマは「ありがとう」であることを伝え，

「こんな作文を見つけました」

と言って，スライドで作文のタイトルを紹介した。

> 「ありがとうの力」

スライドを見た子どもたちからは「へぇ～」という声が聞こえたが，あまりぴんときていない様子だったので，次のように発問をした。

### ❶「ありがとうの力」とは，どんな力でしょうか。

発問をした途端，「えっ，何だろう」という表情を浮かべる子どもや，「指名されたらどうしよう」と席の近くの友達と相談する様子が見られた。数名指名してみたが，なかなか考えが出なかったので，

「今日は，この作文から『ありがとうの力』について考えましょう」

と話し，教材を読んでいくこととした。

まず，これは福島県の中学校1年生の作文であることを伝えて，教材（№1）を範読した。その後，次のように発問をし，自由に発言させた。

### ❷藤井さんは，どんな気持ちで介護の

手伝いをしていたのでしょうか。

・いやだな。
・なんでわたしが……。
・ほかの人に頼めばいいのに……。
・やりたくない。
・めんどう。

子どもたちからは，介護の手伝いに対して消極的な意見が多く出された。前向きな気持ちで介護に臨むことができなかったことを確認して，教材（№2）を範読した。途中，子どもたちは，印象に残った部分を赤線で引いたり，四角で囲んだりするなど，食い入るように教材を読んでいた。読み終えたところで，次のように発問した。

### ❸帰るときは，どんな気持ちだったでしょうか。

・うれしい。
・不満や疲れが飛んで，すっきり。
・なんか自信がついたなぁ。
・やってよかった。
・あ～いい気持ち。
・元気になった。

発言が出尽くしたところで，介護しているときと帰るときの気持ちを比較して，「なぜ，こんなにも気持ちが変化したのでしょうか」と聞いた。すると，何人かの子どもから「『ありがとう』と言われたから」という発表があったので，「ありがとう」という言葉がネガティブだった気持ちをポジティブな気持ちへ変えたことを確認して，板書にまとめた。

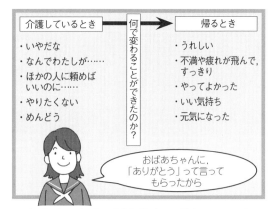

今度は，自分に置き換えて考えさせるために，次のように発問した。

## ❹ 「ありがとう」を広げていったら，どうなっていくと思いますか。

発問❹は終末で「ありがとうの力」について考える場面へつなげていく発問である。ここでしっかりと「ありがとう」が広がることで，どのような変化が起こるのか考えさせたい。

たくさんの考えを引き出し，多様な考えに触れさせるために，色画用紙（右図参照）に自分の考えを書き，黒板にはりつけるよう指示をした。

（考えを書く）

すぐには黒板に自分の考えをはりつけることができなかったが，一人二人とはりつけ始めると，それに続いて次々に子どもたちがはりつけ始めた。「まだ書きたい！」という子どもたちがほとんどで，3枚，4枚と書く子もいた。

次のような言葉が書かれていた。

・平和になる。
・助け合える世の中になる。
・いじめがなくなる。
・いいクラスになり，うれしくなる。
・みんなが笑顔になり，自信が出てくる。
・暗い人や悪い人が減るかもしれない。
・たくさんの人が感謝し合い，争いが減る。
・優しさが広がる。
・優しさと笑顔があふれる社会になる。

本実践は授業参観で行ったので，保護者にも書いていただいた。保護者の方々も熱心に，自分の考えを画用紙に書く様子が見られた。70枚ほど準備した色画用紙は，あっという間になくなり，黒板の右半分は色画用紙で埋め尽くされていった。

その後，黒板に貼付された考えを読む時間をとると，「○○さんの意見いいね」と，友達同士で話す様子も見られた。自分の席に戻るよう指示をし，その後みんなでたくさんの考えを出すことができたことをほめ，最後の発問をした。

## ❺ 「ありがとう」には，どんな力があるのでしょうか。

これから「ありがとう」という言葉を大切にしていくために自分なりの考えをもたせていきたい。発問❹で考えた「『ありがとう』を広げていったら……」をヒントに考えさせたい。

ワークシートに自分の考えを記述させた後，全員発表を行った。次のような発表があった。

・まほうの力
・人をうれしくさせる力
・人を笑顔にさせる力
・「ありがとう」を言えば，争いがなくなり仲良くさせる力
・人の心をいい気分にさせる力
・だれかに自信や元気を与えたり，やってよかったと思ったりさせる力

「『ありがとう』は，人と人とが仲良くするために生み出された言葉です」という考えを発表する子どももいた。全員発表後，本時を振り返って，授業を終えた。

翌日の，朝学習の時間に本実践の感想を書かせたところ，次のように書いていた。

・私は，「ありがとう」が広がっても正直，何も変わらないと思っていた。しかし，「ありがとう」という一言で，笑顔があふれたり，優しさも広がったりすることがわかった。

・ぼくが思う「ありがとうの力」は，傷ついた心をなおしてくれる力だと思いました。授業参観の後，お母さんに「ありがとう」と言ったら，にこにこの笑顔でした。まさに「ありがとうの力」は無限大だと思いました。

・みんなから意見がたくさん出たから，「ありがとうの力」がよくわかった。「ありがとう」は，すごいと思った。

・私は人を喜ばせたり，うれしくさせたり，笑顔にさせたりしたいので，これからは家でも学校でも使っていこうと思った。

## 教材開発 20

●**教材** 第62回 社会を明るくする運動 福島県作文コンテスト優秀作品「ありがとうの力」

小野町立浮金中学校1年 藤井万希子（No.1・No.2 共に内容は，子どもたちにわかりやすいように授業者が抜粋）

---

**「ありがとうの力」（No.1）**

「ありがとう。」

この言葉を言われて，嫌な気持ちになる人はきっといないでしょう。どんな時も，どんな人でも言われてうれしい言葉。私はこの言葉が好きです。ですから，どんな些細なことに対しても，たくさん使うようにしています。

以前の私は，そのようなことを考えて『ありがとう』と言っていたわけではありません。しかし，家の手伝いをしていた時に，かけられた母からの「ありがとう。」の一言が好きでした。何気ない言葉なのですが，「やってよかった。」という気持になれます。不思議だと感じていました。

そんな時，曾祖母との関わりが，私の疑問に答えをくれたのです。

私の曾祖母は九十二歳です。今は体が弱っていて病院に入院しています。この曾祖母の介護の手伝いを，私は夏休み中にしたことがありました。さまざまな細かい作業がありました。食事をする時の手伝い，歩行の介助など。面倒なことが多く，私は正直，うんざりしていました。「どうして，私がしなくてはいけないの？子供の私に満足な介護ができるわけないのに。他の人に頼めばいいのに。」そんな思いでいっぱいでした。もしかしたら口に出さなくても，態度に出ていたのかもしれません。

---

**「ありがとうの力」（No.2）**

夕方になり，私が帰ろうとすると曾祖母が笑顔で言ったのです。

「万希子，今日はありがとう。」

この一言で，私の中にくすぶっていた不満や疲れが飛んでいきました。嬉しい気持ちで一杯になりました。子供の手伝いですから，上手くできないことや，至らないこともあったでしょう。曾祖母の思うとおりになっていないこともあったかもしれません。それでも，曾祖母は感謝してくれている。私の力でも，曾祖母が気持ちよくなれる手伝いはできるのだと考えると自分に自信が持てるようになりました。本当にやって良かった。心からそう思えました。

うまくいかないことが多いと，自信がなくなり，自分を大切にできなくなるのでしょう。「自分なんか」と思ってしまうのです。

私はこのような時こそ，言葉の力が発揮されるのではないかと思います。例えば『ありがとう』です。ちょっとしたことでも，感謝の言葉をかけられることによって，気持ちが明るくなると思います。

その一言で「自分なんか」と思っていた心が，「自分にもできる」という自信に繋がっていきます。自分にもこんな事ができるんだ。自分にも人から感謝されることがあるんだ。自信を持つことができれば，自分らしく生きることができるようになるはずです。

私は，『ありがとう』という言葉には力があると思います。苦しい時，悲しい時，他者からの感謝の言葉は自信と勇気を与えてくれます。逆に，私がこの言葉をかけることによって，救われる人や元気になる人がいるかもしれません。幸せの気持ちが連鎖していくのです。そう考えると，『ありがとう』の力は無限大です。

私は，これからも感謝の気持ちを言葉にしていくつもりです。周囲のお世話になっている人々，私を支えてくれる人，大好きな人へ「ありがとう。」と。こうしていくことで明るい未来が少しずつ広がっていく。私はそう信じています。

---

**所見文例** ◆ **この授業で この言葉を** ◆

「ありがとう」をテーマにした学習では，多様な意見に触れるなかで，「ありがとう」の言葉にはたくさんの力があることに気づき，「ありがとう」の言葉を大切にして生きていこうとする気持ちをもちました。（多面的・多角的な考え，自己の生き方）

---

（愛知県 辻 志郎）

# 3. 愛しのがんも
## ～彼女の強さと優しさ～

＜関連する主な内容項目＞　B　友情，信頼　C　家族愛，家庭生活の充実

「第13回 あなたの『おいしい記憶』をおしえてください。」コンテストで，「愛しのがんも」（片山ひとみさん）がキッコーマン賞に選ばれました。片山さんは，高校1年生の春，お母さんが急逝され，その後，妹さんと交代で炊事をしていたそうです。

下校途中の「買い食い」は校則で禁じられていますが，食事の準備をするために，どうしても学校帰りに買い物をしなければなりません。その様子をほかの女子グループに見つかってしまい，非難の言葉を浴びせられた片山さんに，普段は物静かな友達が声を張り上げました。

この「おいしい記憶」を読んで，家族，友達，そして校則についても考えてみたいと思いました。

教材　・「第13回 あなたの『おいしい記憶』を
　　　　おしえてください。」コンテスト
　　　　キッコーマン賞 受賞作品「愛しのがんも」
　　　片山ひとみさん
　　　読売新聞社・中央公論新社：主催　キッコーマン株式会社：協賛

### ■ 多角的な視点から

　教材に示されたエピソードには，複数の道徳的論点が含まれます。たとえば，①校則で禁じられている「買い食い」の解釈，②困っている友達を大きな声でかばう行為，③家族のためにご飯の準備をすることなどです。

　取り扱う内容項目も複数になります。授業では，根底にある「家族愛」を大切に扱いながら，互いに信頼し合い，卒業後も親交が続いている2人の友情について考えていきます。

### ■ 場面ごとの教材提示

　教材として使用する「愛しのがんも」を4つの場面に分けます。①は下校途中に買い物をする場面，②は片山さんの家庭のこと，③は女子グループに買い物を見られた場面，④はその後のことです。①②③には，それぞれ新たな展開や情報が記されています。場面ごとに分けて考えた後，最後に全文を読むことで，エピソードの迫力や温かな家庭の様子がより効果的に子どもたちの心に伝わってきます。

## 指導目標

　互いの信頼関係のもとに友達のために機に応じた判断ができるようにするとともに，家族が笑顔になることをしたいという心情を育てる。（道徳的判断力・道徳的心情）

## 準備するもの

・がんも（がんもどき）の写真（提示用）
・スーパーマーケットのイラスト（提示用）
・教材「愛しのがんも」（110ページに掲載，提示後，配付）

## 授業の実際

　最初にがんもの写真を提示して，
「今日のお話には，これが出てきます。何だかわかりますか」
と聞いた。すると，
　・おでんとかに入って
　　いる。
　・油揚げ？
　・がんも
という返答があった。

※授業では写真を提示

「これは，『がんも』です。『がんもどき』とも言います。みなさんも食べたことがあるでしょう」
と話すと，「あ～，あれね」「食べたことがある」という声が返ってきた。

　ここで，スーパーマーケットのイラストを提示して黒板にはり，教材の1（学校帰りに買い物をしたところ）を読み聞かせた。

### ❶ここまでで，何かよくないことはありますか。

　一人の子を指名したところ，
「学校帰りは『買い食い禁止』なのに，スーパーに入ったことです」
という発言があった。意見をつなげて話し

合ったところ，「よくない」という意見と「仕方ない」という意見の両方が出された。

### 「よくない」の意見

　・禁止という決まり（校則）があるのだから，それをやぶるのはよくない。
　・すごく急いで見つからないようにがんもを買ったみたいなので，自分でもよくないとわかっていたはず。
　・「誰も見ていないから」と友達が言っているので，実は悪いことだと思う。

### 「仕方ない」の意見

　・おやつとかジュースとかならよくないと思うけど，がんもだからその日のご飯に必要だったのかも。
　・買い食いじゃなくて，買い物だからいいのでは？
　・学校帰りにがんもを買うのは，家の人から頼まれたとか，何か理由があるはず。

　どの意見にも「なるほどね」とうなずきながら聞き，教材の2（片山さんの家庭のこと）を読み聞かせた。

### ❷ここまで読んで，どうですか。

　子どもたちからは，次の発表があった。
　・お母さんが亡くなって，妹と交代で食事を作っているのは偉い。
　・家の近くに店がないのだから，学校の帰りにスーパーで買い物をするのはしょうがない。
　・がんもがお母さんの思い出の味みたいで，家族みんなが好きな味なんだと思う。

> ┤ここでLevel Up!├
>
> 　校則は，みんなが安心して学校生活を送るためにある。もちろん，規則は守らなければならない。しかし，状況によっては「規則の尊重」を超える別の価値が存在する場合がある。発問❶と❷で，その価値について多面的・多角的に考えさせる。

　子どもたちの考えは「規則を守ることは大事だけれど，もっと大事な用事があったときは仕方がない場合がある」という内容にまと

まった。ここで，「ところが，次にこんなふうに書かれてあります」と言って，【そんな優しい「がんもどき」のはずだった。】という一文を知らせた。そして，「何があったのでしょうね」と話し，教材の③（女子グループに見られた場面）を読み聞かせた。

## ❸友達（せっちゃん）のとった行動をどう思いますか。

子どもたちからは，
- いつもは物静かな人なのに，こういうときはすごいんだなと思う。
- 友達（私）のことをすごく思ってくれているんだな。
- こういう友達がいたら，すごくうれしいと思う。
- 「私」の前に立って大きな声を張り上げたところがすごい。

という意見が出された。
「でも，校則では『買い食い』はだめなんだよね」
と子どもたちに語りかけたところ，
- こういう理由があればしょうがない。
- 人の事情とか苦労とかを知らないのに，意地悪そうに「先生に伝える」なんて言うほうが決まりを破るよりももっと悪い。
- これは「買い食い」じゃなくて，家族のための買い物だから校則を破ったことにはならない。

という意見が相次いだ。発表を聞いた後，
「どうやら，友達のせっちゃんには，『どんなときでも校則を守る』ということよりも大切なことがあるみたいですね」
と話し，次の発問をした。

## ❹せっちゃんは，何を大切にしたのでしょうか。

少しの時間の後，最初に挙手をした子から次の意見が出された。
- 学校の規則もあるし，何だか意地悪そうなグループもいたけど，友達のことを大事に思っているから大きな声を出して「私」を助けてくれたのだと思う。

この発言を受け，黒板に【友達を思う気持ち】と書いた。さらに，次の発表があった。
- もし，次の日，「買い食い」のことを先生から聞かれても，ちゃんと理由を話せば怒られないと思う。
- 「私」が家族のために食事の準備をしていることを知っていたから応援したかったのだと思う。
- 困ったときに助けてくれるのが友達だから，せっちゃんはとってもいい友達だ。

発言が出尽くしたところで，
「せっちゃんは，この後，こんなことを言っていたそうです」
と言って，せっちゃんの言葉，
「母さんの夜勤の時は，私が作ってるんよ」
「じゃから応援したいんよ。今晩も頑張れ」
を伝えた。

### ここでPower Up!

自分の行為を決定するときには，その判断基準がある。それは，何を大切に考えるのかということである。発問❹で，それは「友達を思う気持ち」であることに気づかせ，授業の目標へと導く。

ここで教材を配付し，全文を読み聞かせた。読み終えた後，次のように聞いた。

## ❺「私」とせっちゃんで，「似ている・同じ」なのはどんなところですか。

子どもたちからは，次のような意見が出された。
- 高校生のときから，家でご飯や弁当を作っていること。
- 家族思いで，家族のために食事の準備をしていること。
- 高校を卒業しても，ずっと友達で，友達思いなところ。

それぞれの発表を共感的に聞いた後，
「この作文は，『あなたの「おいしい記憶」をおしえてください。』というコンテストで『キッコーマン賞』に選ばれた作品です。みなさんには，どんなおいしい記憶がありますか」
と話し，授業を閉じた。

## 教材開発 21

● **教材**　「第13回 あなたの『おいしい記憶』をおしえてください。」コンテスト
キッコーマン賞　受賞作品　「愛しのがんも」　片山ひとみさん

1　「カバン持ってるから。早よ買っておいで」　高校から駅までの帰り道。スーパー入り口で,友達のせっちゃんは,私の背中を押した。「買い食い禁止」の校則が頭をよぎる。忍者のように豆腐類売り場へ直行。丸いがんもどきを九個カゴへ放り込みレジへ。走って出る。「誰も見とらんよ。今晩もがんも作れるね」　学生カバンを両手に下げた彼女が笑った。

2　高校1年の春,母が癌で急逝。父と中学三年生の妹と交代での炊事当番生活が始まった。岡山と兵庫の県境に住む私の村には店がなく,学校帰りに材料調達しなくてはならない。帰宅すると,くつろぐ暇なく晩御飯作りだ。「わぁええ匂い。お姉ちゃんのがんも最高」　鍋の蓋を持ち上げ,帰宅した学生服のまま,妹が鼻をクンクンさせる。二人で覗くと,クツクツと丸いがんもどきが小躍りしている。醤油と出汁,味醂,酒,砂糖の香りが立ち昇り,てきぱき働く母の割烹前掛け姿が蘇る。「おかあちゃんの味にはなかなか届かんよ」　私が呟くと妹は,「これが大好きなんよ」,と湯気の向こうで満面の笑顔を返してくれた。「お,がんも。明日は味染みで更に旨いぞ」　会社から帰った父は,必ず褒めてくれる。銀杏や人参,蓮根や牛蒡,ひじきなどが入った丸いがんもどきを頬張ると,ジュワッと甘辛い煮汁が溢れる。ふわふわの食感と異なる具材の歯ごたえは,食卓の妹も父も温かな面持ちにした。母不在の辛さや部活もできず家事に追われる虚しさを忘れさせてもくれた。そんな優しい「がんもどき」のはずだった。

3　「あ,買い食いしとる。先生に伝えんと！」　ある日,スーパー入り口で待つせっちゃんに駆け寄った時だった。帰宅する他の女子グループが私の白い買い物袋を指差して叫んだ。「これは,今晩のおかずにするがんもで……」　消え入りそうな声の私に,せっちゃんが,「あんたら,朝御飯や晩御飯,作ったことがあるんかな！ 弁当だって,誰かに作ってもらうるくせに。御飯作る私らの苦労も知らず！ 言いたいんなら告げ口すればええ！」と,私の前に仁王立ちし声を張り上げたのだ。月刊少女漫画を愛読しオフコースが大好き,普段,物静かなせっちゃんの初めて見る勇姿。正面の女子たちは,フン！と散って行った。

4　「母さんの夜勤の時は,私が作ってるんよ」　看護師の母を持つのも自炊も知らなかった。「じゃから応援したいんよ。今晩も頑張れ」　せっちゃんはカバンを渡しながら微笑んだ。あれから,数え切れないほど,がんもどきを煮含めてきた。父と妹のために。家を出て,一人暮らしの西日の強い老朽アパートで。そのたび,鍋の蓋を上げると,鍋底で煮汁に浸りながら並んだ丸い顔が,ニコニコと笑いかけてくれる。応援するよ,と力をくれる。せっちゃんは,私の披露宴で和服で琴を演奏してくれた。たおやかな姿からはあの日の迫力は想像できなかった。しかし,彼女の強さと優しさで,今もがんもを愛し続けている。

**所見文例**

◆　**この授業で この言葉を**　◆

　「愛しのがんも（おいしい記憶）」を題材にして学習したときには,友達を守るために大声を張り上げた「せっちゃん」の気持ちに共感して,「校則は大事だけれど,家族や友達のほうがもっと大事なときもある」という自分の意見を発表して,意見交流を進めました。（多面的・多角的な考え）

（山形県　佐藤幸司）

# 4. すきなこと にがてなこと
## 〜"好き"と"苦手"をつないで生まれる助け合い〜

<関連する主な内容項目>　B　友情，信頼

　低学年は，まだ幼児期の自己中心性から十分に脱していない段階ですが，共に生活する学級の友達を知り，心配したり助け合ったりすることで，友達のよさを感じられるようになります。

　この授業では，自分にある好きなこと（得意なこと）と苦手なことが友達にもあり，自分の "好き" を使って，友達の "苦手" を助けられることを知ります。自分のよさを生かした助け合いのつながりによって，友達がいることのよさを感じられるだけでなく，自己肯定感を高めることにもつながります。

教材　・絵本『すきなこと にがてなこと』
　　　新井洋行：作　嶽まいこ：絵（くもん出版）

### ■ 多様性を受け入れられる土台づくりを

　自分や友達の好きなこと・苦手なことが書かれた黒板を見て，思ったことを発表する時間をとります。自分と友達とを比較する子，友達同士をつないで考える子，全員分の好きと苦手を書いたら黒板に入らないと驚く子など，子どもたちの反応はさまざまです。

　いろいろな子がいるからこそ，好きも苦手も多様です。異なる一人一人だからみんな違って当たり前だと感じられる機会を，低学年のうちから意図的につくっていくことで，友達の好きも苦手もひっくるめて認められる子を育てることにつながるはずです。

### ■ 絵本から学ぶ友達の大切さと自己肯定感

　誰にでも苦手なことはあります。その苦手が生む困り感を学級にいるたくさんの友達の助けを借りて解決する方法を知れば，それまで以上に友達の存在や大切さを実感するはずです。また，自分の好きなことや得意なことを生かして友達の役に立つという経験が，自己肯定感を高めることにもつながります。

　普段の学校生活においてもつながりを感じられるようにすることが肝要です。本実践では，「にがてカード」と「おたすけカード」を紹介していますが，学級に合う形で子どもたちのつながろうとする思いを支えてあげてください。

## 指導目標

　誰にでも，好きなこと（得意なこと）と苦手なことがあると理解するとともに，自分の好きを生かして助け合おうとする意欲をもたせる。（道徳的実践意欲）

## 準備するもの

・ワークシート（114ページに掲載，配付用）
・絵本『すきなこと　にがてなこと』

## 授業の実際

　夏休み前の7月に実施した授業である。互いの顔と名前が一致し，友達のことを少しずつ理解し始めた時期だと言える。

　まずワークシートを配り，自分の好きなこと（得意なこと）や，苦手なことを書く時間を設ける。どのように書けばよいか悩む子もいるので，書く前に以下の発問❶と❷で，いくつかの例を出しておく。全員が1つは書けたところで，全体に向けての発表とする。

### ❶自分の好きなことや得意なことを教えてください。

・とび箱が好き　　・サッカーが得意
・本を読むこと　　・係活動

　子どもたちから出てきた意見を板書する際には，発言者の名前カードもはっておく。発問❻で子どもたちの好きと苦手をつなぐ際に，誰とつながったのかがわかるようにするためである。

### ❷今度は苦手なことを教えてください。

・走ること　　　　・ずっと座ること
・さか上がり　　　・高いところ

　好きなことと同様に，発言者の名前カードをはっておく。

　好きなことと苦手なことが書かれた黒板を見ながら，次のように問う。

### ❸好きなことと苦手なことがたくさん

出てきましたが，この黒板を見て思ったことを教えてください。

・好きなことと苦手なことは，いろいろあるんだと思った。
・○○くんの好きなことが，ぼくと同じだとわかった。
・○○さんの苦手なことが，○○くんの好きなことと一緒でびっくりした。

> **ここで Level Up!**
>
> 　ここで，自分には好きなことと苦手なことがあるという点を再認識する。また，友達にも同様に好きなことと苦手なことがあり，自分と比較して同じだったり異なっていたり，さまざまであると気づかせたい。その上で発問❹につなげる。

### ❹苦手なことがあって困ってしまったときに，みんなだったらどうしますか。

・たくさん練習して，できるようになるまでがんばる。
・本を調べてみる。
・先生や友達に教えてもらう。

　子どもたちから出た意見一つ一つを認め，「実は，今考えた『困った』を解決する方法の一つが書かれている絵本がここにあります。それは，どんな方法なのでしょうか」と話し，絵本『すきなこと　にがてなこと』を読み聞かせる。

> **絵本の内容**
>
> 　ある人物の“好き”の後には，その人物の“苦手”なことが書かれている。その次の人物は，自分の“好き”を使って，前の人物の“苦手”を補ってあげる。このようなつながりが繰り返され，最後には「まるで　せかいじゅうが　すきとにがてで　つながっているみたい」という文があり，「きみの　すきなこと　にがてなことは　なんですか？」で締めくくられている。

❺この絵本では，どんな方法で苦手なことを解決していましたか。

　・好きなことを使って，ほかの人の苦手なことを助けてあげていた。

　・好きなことと苦手なことが，どんどんつながっていた。

　発表後，黒板に書かれてある自分たちの"好き"と"苦手"に注目させて，次のように聞いた。

❻黒板に書いてある苦手なことを，ほかの人の好きなことや得意なこととつないで，絵本と同じように助けられるところはないでしょうか。

　子どもたちから出された意見をもとにして，黒板に書かれている"苦手"を助けられる"好き"を探し，線でつないでいく（114ページの板書写真参照）。あまりつながりをつくれない場合は，つながりを生む新しい意見を出させてもよい。

┌─────── ここで Power Up! ───────┐
　子どもたちが自由交流をする前に，活動の仕方を理解しておくことが肝要である。低学年の場合，言葉だけでなく視覚化するなど，わかりやすい説明を心がけたい。交流を始めてから質問が出たり，活動を止めて説明したりする必要がないようにする。
└───────────────────────────┘

　黒板を使って，"好き"と"苦手"のつながり方を確認したら，今度はクラスにいる友達とつながる時間をつくる。

❼今から自由に歩き回って，友達と話し合う時間をとります。自分の"好き"を使って友達の"苦手"を助けたり，その反対に自分の"苦手"を友達の"好き"で助けてもらったりしましょう。

　鉛筆とワークシートを持ち，7～8分程度教室の中を歩いて友達と交流する。

　交流した結果，誰とどんなつながりが生まれたのか，何人かの子たちに発表させ，黒板

に書き加える。

❽今日の道徳の授業で考えたことや，思ったことを書きましょう。

　子どもたちは，次のような感想を書いた。

　・みんな好きなことや苦手なことがあるんだなと思ったし，好きなことや苦手なことがみんな違っていて面白かったです。

　・みんなの好きと苦手があって，何人でもつながれて，みんなの好きと苦手を知ることができました。お友達の好きや苦手を聞いたら，自分の好きや苦手なことを思いつきました。

　・楽しかったです。いろんな人とつながれました。

　・得意な人もいるし，苦手な人もいるから教えてあげたり教えてもらったりして，いつもそうしたいです。

　・たくさんのお友達に教えられたらいいなぁと思いました。

　・みんなが苦手なことを助けてあげれば，みんな好きなことが増えます。

　授業後の学校生活においても，子どもたちの"好き"と"苦手"がつながる機会をつくることが大事である。本実践では，「にがてカード」と「おたすけカード」を用意し，子どもたちの手でカードをはれる位置に「すきなこと・にがてなこと　つながりおたすけコーナー」という掲示板を設置した。

　以下のような流れで，授業後のつながりをつくっていった。

①ある子が，「にがてカード」に自分の苦手なことを書いて掲示板にはる。

②それを見た子の中で，自分の"好き"を使って助けられると思った場合，「おたすけカード」にメッセージを書いて近くにはる。

③「おたすけカード」を書いた子が，「にがてカード」を書いた子に声をかけて，お助けする日時を決める。

④つながりができた2枚のカードは別の場所に移し，どんどんつなげていく。

※1枚の「にがてカード」に対して，2人以上で「おたすけカード」をはり，協力して助けてもよい。

# 教材開発 22

●板書　※子どもの名前カードは伏せてあります。

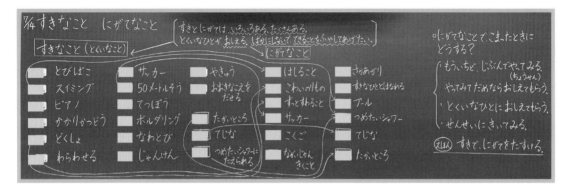

●ワークシート

●すきなこと・にがてなこと つながりおたすけコーナー

| 所見<br>文例 | ◆ この授業で この言葉を ◆ |

　「すきなこと にがてなこと」を題材にした学習では，誰にでも好きなことと苦手なことがあることに気づき，自分の好きを生かして友達の苦手を補おうという思いをもつことができました。（多面的・多角的な考え）

（神奈川県　佐藤浩太郎）

# 5.体験することで育む

<関連する主な内容項目>　C　伝統と文化の尊重，国や郷土を愛する態度

　授業では，福井県坂井市の子どもたちが海での自然体験学習に取り組んでいる記事を使います。記事によれば，この活動は坂井市が子どもたちに自然体験を通じて郷土愛を育んでもらおうと毎年実施している事業だそうです。では，なぜ自分たちの町の自然を「体験すること」が「郷土愛」につながるのでしょうか。

　一読すると，さらりと読み進めてしまいがちな部分ですが，授業ではその「なぜ」を子どもたちに問いかけます。その問いかけを出発点にして，子どもたちは郷土愛について自分の体験を関連づけながら考え，自分たちの住む地域や郷土について「いいな」「素晴らしいな」という気持ちをもつことができるはずです。

教材　・「進め，未来へ。海の日」斎藤順一：作
　　　「海の日」ポスターコンクール　2021年大賞作品
　　・「海の生き物じっくり観察」福井新聞　2022年8月1日

資料提供：国民の祝日「海の日」海事関係団体連絡会
事務局　（公財）日本海事広報協会

## ■「なぜ」を問う

　「なぜ」の問いは，見えなくなっている関係性に目を向けることのできる，すなわちメタ思考を促す問いと言われています。教材の中では，「自然体験を通じて郷土愛を育んでもらおうと……」と，自然体験が郷土愛を育むことが直線的につながっているように書かれています。限られた紙面ですので，その理由や過程は当然詳しくは書かれていません。その部分を「なぜ」と問うことで，つながりの見えない部分を考えさせることができます。

## ■一人一台端末の活用

　一人一台端末が多くの学校で実現されてきています。今まで行ってきた，教材を読むことや写真を見ること，コンピュータ室で行っていた調べ学習が手元でできるようになりました。この授業でも，教材を子どもたちの端末に送っています。また，「海の日」の意味や，海の生き物などを自分の端末で調べさせます。こうすることで，教材や大切な言葉への理解を確認したり，教材への関心を高めたりすることができます。

## 指導目標

　地域の生活や環境などの特色に目を向け，郷土の素晴らしさを実感し，郷土を愛する心情を育てる。（道徳的心情）

## 準備するもの

・教材１　海の日ポスター「進め，未来へ。海の日」（118ページに掲載，提示用）
・教材２　「海の生き物じっくり観察」（118ページに掲載，写真および見出しを提示，１・２段落と３・４段落を分割して配付）

## 授業の実際

　授業のはじめに，キャッチコピーの「海の日」を隠したポスターを示し，「　　　　　」にはどんな言葉が入ると思いますか」と聞いた（白い波部分も隠す）。「進め，未来へ。」のキャッチコピーや同じ方向を向く絵から，「魚たち」「生き物たち」といった声があがった。ここで，隠した部分を「○の日」まで示した。すると，すぐに「わあ，『海の日』だ！」という反応があった。
　海の日に関するポスターとわかったところで，次のように聞いた。

**❶「海の日」はどんな日なのでしょうか。**

　「海を大切にする日」や「海開きの日」「捕れるものに感謝する日」といった発表があった。多くは，海に関する日であることは知っているものの，はっきりとはしていないようだった。しかし，社会の学習で憲法記念日に触れた際に，家庭学習で祝日法を調べてきた子どもから，「祝日はどれも意味があるはずなんだけれど……」というつぶやきがあった。そこで，祝日法に触れ，海の日の意味についてタブレットで調べさせた。すると，「あった！」という声がすぐに聞こえてきた。一人に発表してもらい，

> 海の日…海の恩恵に感謝するとともに，
> 　　　　海洋国日本の繁栄を願う日

と板書した。ここで，「あっ，だから『進め，未来へ』なんだ」という声が聞こえた。ほかの子どもたちも「なるほど」と納得していたようだった。
　次に「『海の日』には，海に関わる行事が多く開かれます。そのうちの一つの様子です」と言い，下の写真を示して，次のように聞いた。

写真提供：
福井新聞社

**❷子どもたちは何をしていると思いますか。**

　しっかりした装備や，網を持っている姿から，「水の中までよく見て，ごみを拾っている」という発表や，生き物を採集する網が細かいことを知っている子から，「これは生き物を捕っていると思います」という発表もあった。それらを共感的に受け止めながら板書した後，「この写真は新聞記事にあったものです。見出しを見てみましょう」と，記事の見出しを示した。そこには，

> 海の生き物じっくり観察

と書かれている。しかし，見出しだけではどんな生き物かはわからない。そこで，「どんな生き物が見つかったと思いますか」と聞いた。
　「カニはいるよ。ぼくも見つけたことがあるから」や「ヤドカリもいるはずだよ」と，自分が海へ行ったときに経験と結びつけた反応があった。
　ここで，新聞記事の３・４段落を子どもたちに配付した。ウミウシやメジナなど，記事にある生き物の名前から，「やっぱり！」という声とともに「ウミウシって何？」というような声も聞こえてきたので，タブレットを使って記事にある生き物を中心に，磯（いそ）で見られる生き物を調べさせた。

┌────【ここでLevel Up!】────┐
　定義をしっかり捉えさせたい言葉の意

味や，本時のような具体的な事柄などを調べる際に，一人一台端末の利点を生かす。道徳の時間においては，資料の理解を確認する場合や，資料への関心をさらにもたせるために有効である。

海の生き物を調べながら「きれい！」「かわいいから飼いたいな」など，楽しそうに調べていた。ここで，次のように聞いた。

### ❸なぜ,こんなきれいな生き物を見た後,放流してしまうのだと思いますか。

すると，

・持ち帰ると，生き物が減ってしまう。
・絶滅しそうな種類もいるかもしれない。

という意見が出てきた。また，続いて「目的が違うから」という発表があった。少し抽象的な考えだったので，それを「目的は何だったのかな」と全体に問うた。

・海の日の行事だから，海に「感謝する」ということだと思う。
・観察することが目的で捕ることではない。
・身近な海にどんな生き物がいるのか知るということが目的。

という発表が続いた。「身近な」と，観察と地域をつなげるような発言があったので，ここで新聞記事の1・2段落を配付した。「郷土愛」の言葉は少しわかりにくいので，説明を加えた後，次のように聞いた。

### ❹なぜ, 自然体験をすることが郷土愛を育むことになるのだと思いますか。

**ここで Power Up!**

文中には何気なく書かれているが，体験と郷土愛は子どもたちにとってつながりにくい。こうした，何気なく読み進められるところを「なぜ」と問うことで見えない部分に着目させ，思考を活性化させる。

子どもたちから，「確かに……」「違うことのように思えるね」という声が聞こえてきた。

そこで，ペアやグループで話し合う時間を

とった。その後，発表してもらうと，

・貴重な生き物がいたら，自慢になるし，ほかの人から「いいな」と言ってもらえるから。
・海の生き物を知ることで，自分の町ってすごいなと思えるようになるから。
・たくさんの生き物がいて，自分の町ってすごいんだとほかの人から思ってもらえれば，自分も，町をいいなと思えるから。

のように，たくさんの生き物を見つけたこと自体で自分の町に誇りをもてるという考えと，それを発信し，ほかの人から評価される結果，自分の町を好きになるという2つの考えが出された。その後，「少し違うんですけど……」とある子どもから次の発表があった。

・生き物を知ることで，それを守らなければいけないという気持ちになる。これも郷土愛だと思います。

自然保護と関連づけた考えに，「それもあるね」「なるほど」という声があがった。ここまでの話し合いを受け，黒板に

生き物を知る➡郷土愛
生き物を知る➡伝える・ほめられる
　　　　　　　　　　➡郷土愛
生き物を知る➡守りたい➡郷土愛

と，体験したことがいずれも郷土愛につながっていることを端的に示した。

### ❺みなさんがいる地域には, どんなよいところや美しいところがありますか。

勤務する学校では，校庭裏に砂防林や砂浜がある。子どもたちはこれまでの総合的な学習の時間で，野鳥観察をしたり，砂防林を守る取り組みを行ったりしてきている。また，地域と連携した行事として，海岸清掃も行っている。

そのため，すぐに，「砂防林の森は自慢できるよ」や「野鳥が近くにいることはなかなかないから，いい地域だね」「海と林が近くにあって，よく考えたらすごいね」というように，これまでの体験と関連づけて，よさを見つける子どもが多くいた。それらを，「そうだね。大事にしていきたいね」と共感的に受け止め，感想を書かせて授業を終えた。

● **教材1** 「進め，未来へ。海の日」 斎藤順一：作
「海の日」ポスターコンクール　2021年大賞作品

資料提供：国民の祝日「海の日」海事関係団体連絡会
事務局　（公財）日本海事広報協会

● **教材2** 「海の生き物じっくり観察」 福井新聞　2022年8月1日

### 新聞記事　3・4段落

この日は25人が参加。児童はウエットスーツに着替えると，岩場近くの浅瀬でシュノーケリングをしながら海の生き物を探した。ウミウシやヤドカリ，イソガニのほか，メジナやウミタナゴの幼魚を見つけると，手網を使っては籠に入れ，陸に上がってからじっくりと眺めていた。

捕まえた生き物は，観察を終えると海に放流した。村中奏太君（東十郷小6年）は「暑い中海に入れて気持ち良かった。浅瀬なのに思ったより多くの生き物がいて驚いた」と話していた。

### 新聞記事　1・2段落

坂井市の児童が自然体験学習に取り組む「SAKAIわんぱく少年団」は7月18日，同市三国町安島の市海浜自然公園近くの海岸で海の生き物観察を行った。

同少年団は，自然体験を通じて郷土愛を育んでもらおうと市が毎年行っている。本年度は市内の小学5，6年生30人で結団した。

**今回はこの記事!!**

#### 海の生き物じっくり観察
**坂井の児童 25人、自然体験学習**

坂井市の児童が自然体験学習に取り組む「SAKAIわんぱく少年団」は7月18日、同市三国町安島の市海浜自然公園近くの海岸で海の生き物観察を行った。
同少年団は、自然体験を通じて郷土愛を育んでもらおうと市が毎年行っている。本年度は市内の小学5、6年30人で結団した。
この日は25人が参加。児童はウエットスーツに着替えると、岩場近くの浅瀬でシュノーケリングをしながら海の生き物を探した。ウミウシやヤドカリ、イソガニのほか、メジナやウミタナゴの幼魚を見つけると、手網を使っては籠に入れ、陸に上がってからじっくりと眺めていた。
捕まえた生き物は、観察を終えると海に放流した。村中奏太君（東十郷小6年）は「暑い中海に入れて気持ち良かった。浅瀬なのに思ったより多くの生き物がいて驚いた」と話していた。（東村淳悟）

## ●子どもたちの振り返り

・今日はふるさとを守ることの大切さについて学びました。新聞は海でしたが，学校近くの海だけでなく，学校裏の森も私にとってはふるさとです。今日の勉強で，なぜ中学年で野鳥について学んだのかがわかりました。大切な森や野鳥を守りたいと思うのは私がこの地域に住んでいるからだと思いました。

・ぼくの小学校はいろいろな自然に囲まれています。だから，その自然を大事にしなければいけないと思いました。発表にもあったように，知ることで愛が生まれると思います。だから，1年生のときから裏の森や近くの川について勉強しています。もっともっと学校の近くの自然を知りたいです。

**所見文例**

### ◆ この授業で この言葉を ◆

「体験することで育む」の学習では，自分の地域や環境の特徴やすてきなところを見つけることが，住んでいる地域に愛着をもったり，環境を守ろうと思ったりすることにつながることに気づきました。学校の近くの自然と触れ合った体験を思い出し，自分も身近な地域を大切にしたいという思いをもちました。（自己の生き方）

（新潟県　小林隆史）

# 6. 今日は何の日
## ～記念日は何のため？～

<関連する主な内容項目>　C　よりよい学校生活，集団生活の充実

　黒板に日付を書くとき，子どもから「今日は○○の日だって！」と教えてもらうことがあります。偶然，11月11日は1年でいちばん記念日の多い日で59件（2022年12月末日現在）だということを知りました。記念日を統括する日本記念日協会によると，協会で認定しているのは1年間に約2500件。ひな祭りや七夕などの伝統行事を加えると，約2800件の記念日があるそうです。件数にして1日平均7～8件。調べてみると，毎日いろんな記念日があります。いったいどうしてこんなにたくさんの記念日があるのでしょうか。どうして記念日をつくろうと思ったのでしょうか。そんな思いを授業にしました。

教材　**・授業日の記念日がわかる資料**
　　　日本記念日協会ウェブサイト

### ■ 記念日の多い日をねらって授業

　1年のなかで記念日の多い日があります。11月11日がいちばん多いのですが，10月10日，8月8日なども記念日が多い日でした。その多くはゾロ目の日や語呂合わせに使いやすいような覚えやすい日です。記念日の多い日や，開校記念日，○○記念日などの日に授業をすることで，記念日をつくろうとした人たちの思いに気づきやすくなります。

### ■ 残りの学校生活に目を向けて

　記念日というと過去の出来事というイメージがあります。でも，未来ある子どもたちに過去を振り返るのはそぐわないものです。そこで授業の終末で卒業式や終業式までを過ごす日にちのなかからオリジナルの記念日をつくり，残りの学校生活を楽しく，豊かに過ごせるようにさせます。

## 指導目標

多くの人々が記念日を通して社会生活を豊かに過ごそうとしていることに気づき，卒業に向けて毎日楽しく充実した学校生活を構築しようとする態度を育てる。（道徳的態度）

## 準備するもの

・授業実施日の記念日を記したプリント
（日本記念日協会ウェブサイトを参考，配付用）
・オリジナル記念日を書くための短冊（配付用）

## 授業の実際

1年でいちばん記念日が多い11月11日に，6年生に行った授業である。

黒板に【11月11日】と日付を書いた。子どもから「今日はポッキーの日だよ！」と声があがった。「そうだね。でも今はポッキー＆プリッツの日だそうですよ」と言いながら，黒板に【記念日】と書き，次のように聞いた。

### ❶どんな記念日を知っていますか。

子どもたちに自由に発表させた。「記念日」ではわかりにくい子どももいたので「○○の日」という例も出した。
　・誕生日　　　　・母の日　・父の日
　・文化の日　　　・スポーツの日
　・勤労感謝の日　・子どもの日
　・家の人が結婚記念日って言っていた。
発言が出尽くした後，「どんなことをイメージしますか」と尋ねると，
　・うれしい　　　・楽しい　・幸せになる
　・プレゼントがもらえる
　・1年に1度だけある日
という返答があった。

### ❷今日，11月11日は何の日か知っていますか。

子どもたちからは，次の発表があった。
　・誰かの誕生日

・ポッキー＆プリッツの日
・うまい棒の日　・チンアナゴの日
「まだまだあります。こんな日があります。どうして今日が記念日なのかわかりますか」と言って，次の記念日を黒板に書いた。

> ・サッカーの日　　・めんの日
> ・鮭の日　　　　　・鏡の日
> ・サムライの日　　・ととのえの日

これらの記念日の理由（由来）を尋ねると，
「サッカーの日は11人対11人で試合をするから今日が記念日なんじゃないか」
「鮭の日は，魚偏の右側『圭』の字が十と一の合体漢字になっているから」
「サムライの日は，サムライは武士の士が十一になるから」
と，クイズの謎解きのように楽しく意見を発表していた。続けて，次の発問をした。

### ❸今日は1年でいちばん記念日が多い日なのだそうです。何件あるのでしょうか。

ノートに予想を書かせて確認したところ，15件が1人，20件が5人，21〜29件が12人，30〜39件が8人，40〜49件が3人，50件が1人という結果だった。

「今日11月11日は，59件の記念日があるのだそうです。記念日を統括している日本記念日協会さんが調べたら，ほかにも次のようなものがあるそうです」と説明し，59件の記念日を印刷したプリントを配付した。

子どもたちからは「そんなにあるの！」「覚えきれない！」という声があがった。

次に，1年間の記念日の数を考えた。

### ❹今，記念日は1年（366日）にいくつあると思いますか。

ノートに予想した数を書かせた後，全員に答えを発表した。

「今，およそ2800件あるそうです。毎年増えているそうです」。子どもたちから「え〜っ！そんなにあるの？」という声があがった。「1日平均すると，7〜8件あります。たくさん

あるんだね」と話して，次の発問につなげた。

### ❺どうして，多くの人たちが記念日をつくろうと思っているのでしょうか。

ノートに書く時間を3分ほどとった。挙手による発表をさせ，意見を黒板に書いていった。ノートに書いていた意見については意図的に指名して発表させた。

・商品の宣伝。
・商品を買ってもらうため。
・出来事の記念にするため。
・楽しいから。
・記念日があったら，おもしろいから。

┌─── **ここで Level Up!** ───┐

発問❺は記念日に対する多くの人の多様な思い入れに気づかせる問いである。ここでは子どもの意見をすべて受け止め，板書しておくことで，後で「経済的効果」「覚えておきたい」「幸せになるため」の3つに収束させることができる。

└────────────────┘

「日本記念日協会のウェブサイトには，次のように書いてありました」（要約）

┌────────────────┐

日本では，「ひな祭り」「七夕」など，伝統的な行事として定着しているものから，「○○の日」「○○記念日」といった業界や企業がそのPR効果を目的に制定したものがあった。日本記念日協会は，記念日に対する人々の理解と関心を高めるために，1991年4月1日に正式に発足，活動を開始した。

記念日の文化的，歴史的，産業的な発展と，記念日情報の総合窓口として，多くのメディア，各企業，業界，団体，自治体，個人の方々にとって，意義のある存在となるように取り組んでいる。

記念日により日々の生活に潤いが生まれ，歴史が刻まれ，産業が盛んになり，社会的に大切な情報が多くの人に届く。それが記念日文化の向上であり，精神的にも個人と社会を豊かにすると考えている。

└────────────────┘

「多くの人たちが記念日をつくろうと思っている理由は，みんなが発表したことのすべてが次のように当てはまりますね」
と話し，子どもたちの意見をチョークで囲み，次の3つにまとめた。

①経済的効果
②覚えておきたい，忘れたくない
③幸せになるために

「みんなには，これから小学校最後の大きな記念日があるよね。何かわかる？」と問いかけ，「卒業式！」という声を引き出した。卒業式も記念日の一つだということを話した。

### ❻卒業式に向けて，みんなが毎日，明るく楽しくなるために，どんな記念日がつくれそうですか。

発問した後，短冊を1枚ずつ配付し，「今日が11月11日だから，明日から卒業式の前日3月17日までの中で，記念日をつくって楽しく毎日が過ごせるようにしてみましょう」と話し，授業が終わるまで各自の活動にした。

┌─── **ここで Power Up!** ───┐

発問❻は，実際に学校生活の残りの日々の中からオリジナルの記念日をつくってみる活動である。学校生活を楽しみ，豊かにしていこうとする態度につなげることが可能となる。

└────────────────┘

### ❼どんな記念日をつくりましたか。

5分程度の時間のなかで，すぐに思いついた子どもには「2つめ，3つめをつくってもいいよ」と予備の短冊を渡した。なかなか思いつかない子どももいたので，途中，できた子どもの作品を発表させ，オリジナル記念日のイメージをつかませた。

・2月13日は兄さんの日！　いつも「お兄さんだから」って我慢させられるから，お兄さんを大切にする。
・12月25日は半額の日！　だってケーキが安くなるから。

できた記念日の短冊を集めて授業を終え，授業後に，カレンダー順で廊下に掲示した。

●教材　一般社団法人　日本記念日協会のウェブサイト
https://www.kinenbi.gr.jp/

366日，調べたい日の記念日を検索することができる。

**授業後のオリジナル記念日を掲示**

授業の終末でつくった子どもたちのオリジナル記念日は，廊下にカレンダー順に掲示するとよい。

**子どもたちの書いたオリジナル記念日の実物**

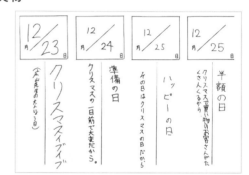

●板書

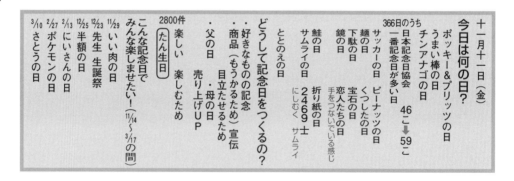

十一月十一日（金）　今日は何の日？
ポッキー＆プリッツの日
うまい棒の日
チンアナゴの日

366日のうち
日本記念日協会
一番記念日が多い日
46こ → 59こ

サッカーの日　ピーナッツの日
麺の日　くつしたの日
下駄の日　宝石の日
鏡の日　恋人たちの日　手をつないでいる感じ

鮭の日　折り紙の日
サムライの日　2469士
にしむく　サムライ
ととのえの日

どうして記念日をつくるの？
・好きなものの記念
・商品（もうかるため）宣伝
・父の日・母の日　目立たせるため
　売り上げUP
楽しい　楽しむため

こんな記念日でみんな楽しませたい！（11/14〜3/17の間）
2800件　たん生日

11/29　いい肉の日
12/23　先生　生誕祭
12/25　半額の日
2/13　にいさんの日
2/27　ポケモンの日
3/10　さとうの日

所見文例

**◆ この授業で この言葉を ◆**

よりよい学校生活にするための授業では，記念日を通して社会生活を豊かにしようとする人たちの思いを理解し，残りの学校生活を楽しくするためにオリジナル記念日をつくりました。（道徳的諸価値の理解）

（島根県　広山隆行）

# 日常のなかのきらめき

毎日の暮らしの
なかに，こんな素
敵な出来事がある
んだね。

1. 傘でつないだ優しい心
2. ありがとうの力
3. 愛しのがんも
4. すきなこと　にがてなこと
5. 体験することで育む
6. 今日は何の日

忙しく過ぎる毎日のなかで，少し余裕をもって周りに目を向けてみましょう。
日頃気づかなかったところに，意外な発見があります。
この章には，親しみのある身近な素材からつくった6本の授業を収めました。
子どもたちが同じような場面に出合ったとき，生きて働く力となる実践です。

## 1. 傘でつないだ 優しい心

　投書をした大学生は，「私の心も温かくなった」と述べている。
もちろん，心が温かくなったのはご本人だけではない。登場する人
たちみんなの心が，優しさでいっぱいである。ここに注目したい。
　授業づくりでは，どこにゴールをもっていくのか，すなわち「落
としどころ」が大切である。そこに導くのが，発問❻「このお話で，
心が温かくなった人は誰ですか」である。教材全体を多角的・多面
的に見つめる俯瞰的な発問である。

## 2. ありがとうの力

　「ありがとう」は，誰かのために何かをしたときに返ってくる言
葉である。自分本位な行動をしていては，決して返ってこない言葉
である。
　誰かのために何かをするには，労力が必要である。楽なことばか
りではない。ときに「もう嫌だ……」と感じてしまうかもしれない。
でも，「ありがとう」と言われると，そんな苦労もふっとんでしまう。
言った人も，言われた人もうれしい気持ちになる。「ありがとう」
にはそんな力がある。

## 3. 愛しのがんも

　誰にでも，「おいしい記憶」がある。子どもたちの「おいしい記憶」は，家族との団らんの中にある幸せなひとときに違いない。

　「愛しのがんも」に描かれているのも，温かい家族とのふれあいである。しかし，平たんな道ではない。学校帰りに食材を調達しなければならない日もある。それを支えてくれた友達がいる。いくつもの困難を乗り越えたからこそ，とびっきりの「おいしい記憶」としてがんもが愛おしく思える。

## 4. すきなこと にがてなこと

　道徳授業にできることの一つに，日常生活につながるシミュレーション学習がある。資料中の登場人物の言動に学び，同じような場面に出合ったときにどう行動すべきかを考える学習である。

　絵本『すきなこと にがてなこと』には，自分の好き（または苦手）と友達の苦手（または好き）とをつなげて，共に励まし合って成長していく術（すべ）がわかりやすく描かれている。この時間での学びが，外へ行動へと広がっていく。

## 5. 体験することで 育む

　地元で毎年開催されている体験活動に目を向け，その意義について考える授業である。題材は福井県坂井市の取り組みだが，自分の地域にもそれぞれの自然環境や文化を生かした体験活動があるはずだ。この授業づくりの視点を追実践してほしい。

　発問❹で「なぜ自然体験をすることが郷土愛を育むことにつながるのか」を問う。子どもたちは，自分の経験を思い浮かべながら，その意義について考え始める。

## 6. 今日は何の日

　「○○の日」という言葉を見聞きすることがある。記念日の名前を聞いただけで「なるほど！」と納得する記念日もあれば，「どんな意味？」とすぐにはわからない記念日もある。そもそも記念日は，誰が決めて，どこが認可しているのだろうか。その答えが授業で明らかになる。巧みな授業展開によって，子どもたちの学びの意欲がますます高まっていく。

　卒業までの自分たちの記念日をつくるという未来志向がいい。そして，ゴールである卒業式が最大の記念日になる。

（編者　佐藤幸司）

# 第 5 章

# 生き方・考え方に学ぶ
# 教材開発

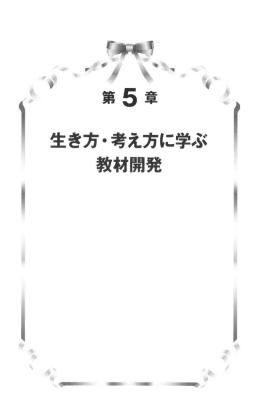

第 **5** 章

生き方・考え方に学ぶ
教材開発

## 第5章の内容

# 1.夢見たラスト

<関連する主な内容項目>　A　希望と勇気，努力と強い意志

2018年平昌冬季五輪のスピードスケート女子500メートルで金メダルを獲得した小平奈緒選手が，故郷・長野市のエムウェーブで現役最後のレースを終えました。小平選手は，現役最後のレースでも好タイムを出し，見事優勝で有終の美を飾りました。

　小平選手が自分の夢をかなえることができたのは，なぜでしょうか。その理由を考え，「自分にもできそうなこと」を学ぶ授業です。

教材　・「小平　夢見たラスト　故郷・長野で『心震えた』」
　　　　「小平奈緒の主な歩み」
　　　読売新聞　2022年10月23日

写真提供：相澤病院

## ■ 夢の実現のために

　小平選手のこれまでの歩みや引退セレモニーでの言葉から，小平選手が夢をかなえることができた理由を考えます。子どもたちから出された意見をもとに，３つの要因にまとめることができます。
　偉大な選手の努力は，そう簡単にまねできるものではありません。けれども，複数の要因のなかから「これなら自分にもできそうだ」という展望をもつことはできます。子どもたちは，自分の夢の実現のために，自分なりの努力の道筋を見つけていきます。

## ■ 視覚的資料を活用して

　この授業では，新聞記事が伝える小平選手のラストレースの様子を教材にしています。基本的には新聞記事の読み聞かせで授業を展開しますが，ICT端末を利用すれば，小平選手の活躍の画像や動画を容易に入手できます。特に，平昌冬季五輪で小平選手と李相花選手が互いの健闘をたたえ合った姿は，今も感動を呼びます。
　視覚的資料を加えて，さらに充実した授業を実施してください。

## 指導目標

「ラストレース」での小平奈緒選手の姿から，周りの人の励ましに感謝の気持ちをもちながら目標に向かって努力しようとする意欲を育てる。（道徳的実践意欲）

## 準備するもの

・長野市オリンピック記念アリーナ（エムウェーブ）の写真（提示用）
・教材1「小平　夢見たラスト」
・教材2「小平奈緒の主な歩み」
　（教材1・2共に130ページに掲載）

## 授業の実際

最初に，
「今日のお話は，ここでの出来事です」
と言って，長野市オリンピック記念アリーナ（エムウェーブ）の写真（外観）を提示した。

写真提供：
株式会社
エムウェーブ

「どこでしょう？」と問うと，「どこかの建物」「体育館かな」という声が聞こえた。
「建物の形が，英語の文字に似ていませんか」
と尋ねたところ，「Mの字に似ている」という返答があった。そこで，
「この建物は，屋根が，M字型を波のように連続させている形をしています。波は，英語でウェーブ。それで，エムウェーブという愛称で呼ばれています。正式な名前は，長野市オリンピック記念アリーナです」
と説明した。次に，
「なかは，こんな感じになっています」
と話し，内観の写真（スケートリンク）を見せた。子どもたちからは，すぐに，
「スケート場だ」
という声が返ってきた。

「この会場で，この前（2022年）の10月23日にスケートの大会がありました。全日本距離別選手権という大会です」
と言って，この日の引退セレモニーで観客に手を振る小平奈緒選手の写真を提示した。
「誰だか知っていますか」
と問うと，
　・前にオリンピックで金メダルを取った人
　・スケートの小平選手
という発表があった。

### ❶ 小平選手は，どうしてこんなに笑顔なのでしょう。

子どもたちからは，
　・金メダルを取った。
　・優勝して，応援してくれている人に手を振っている。
という考えが出された。発表を聞いた後，記事の見出しを黒板に書いた。

　　小平　夢見たラスト
　　故郷・長野で「心震えた」

子どもたちは，板書に合わせて声を出して読んでいた。すると，「ラスト」の言葉に注目した子どもたちから，「引退して，最後の試合（レース）だったんだ」という声が聞こえた。
ここで，教材1の①（李相花さんのメッセージの前まで）を読み聞かせた。そして，吹き出しに書いて準備しておいた小平選手の言葉【夢見ていた空間で滑ることができたのは，五輪でメダルを取ったときよりも，世界記録に挑戦したときよりも，私にとって価値のあるものだった】を黒板にはり，次の発問をした。

### ❷ 小平選手にとって，ここで滑ることが金メダルよりも世界記録よりも価値があるのは，なぜでしょう。

「だって，金メダルとか世界記録だよ。それがいちばんうれしいはずじゃない？」
と話すと，
　・金メダルはもちろんうれしいけれど，「故郷」って書いてあるから，自分の故郷で最後のレースを滑れたのがいちばんうれしいのだと思う。

・小学生のころから，そのエムウェーブで滑ってみたいと思っていたから，子どものころからの夢がかなった。

・オリンピックは外国とか遠いところであったけど，故郷だと親戚の人や友達も応援に来てくれて，すごくうれしかった。

という意見が出された。

　意見が出尽くしたら，

「小平選手は，こう言っていましたね」

と話し，もう一つの言葉【人のぬくもりが感じられた。心が震えて，飛び出てきそうな気持ちだった】をさきほどと同じく吹き出しに書いて提示した。

------

### ここで Level Up!

　新聞記事をそのまま教材として与えるには，中学年の子どもには難解な場合が多い。その際，見出しだけを伝えたり，人物の言葉を吹き出しに書いて用意したりすると，発達段階に合った教材の使い方ができる。

------

　そして，この写真は，レース後ではなく引退セレモニーでの小平選手であることを伝えた。

「では，小平選手は，現役最後のレースで何位になったでしょうか」

と聞いたところ，

・3〜5位くらいだと思う。

・最後も優勝した。

・ぎりぎりで2位だった。

という返答があった。

　順位を想像させた後，最後のレースでも優勝したことを伝えた。子どもたちからは，「すごいね」という声が聞こえた。

　次に，教材1の②（李相花さんのメッセージと小平選手の言葉）を読み聞かせた。李相花さんについては，平昌五輪500メートルで優勝を競ったライバルであることを説明した。また，レースを終え抱き合う2人の写真を提示した。

　ここで，教材2「小平奈緒の主な歩み」を拡大コピーして提示した。そして，2001年中学生のときからの歩みを確認して，次の発問をした。

### ❸小平選手が，自分の夢をかなえることができたのはなぜでしょうか。

　子どもたちからは，真っ先に

・練習をがんばったから。

・努力したから。

という発表があった。「なるほどね。それが大事だよね」と考えを認めて，

「でも，ほかにも理由がありそうだよ」

と話し，グループで数分話し合わせた。

　すると，

・子どものころから夢をもってがんばった。

・日本だけじゃなくて，外国にも行ってスケートの練習をした。

・一緒にがんばった友達がいた。

という意見が出された。子どもたちから出された考えをもとに，夢をかなえられた理由として，次の3つを黒板にまとめた。

①子どものころから夢（目標）をもつ。
②努力を続ける。
③友達やライバルと一緒にがんばる。

### ❹夢を実現するために，自分ならこの3つのなかのどれができそうですか。

------

### ここで Power Up!

　人物の生き方に学ぶ授業では，「すごいと思うけど，自分には難しい……」と感じてしまう子もいる。そこで，「これならできそう」という少し緩やかな選択肢を与えて，これからの自分の生き方につなげていけるようにする。

------

　挙手で確かめたところ，③（友達やライバルと一緒にがんばる）がいちばん多かった。理由を聞いたところ，

・友達と一緒だと練習も楽しくできる。

・一人だと諦めてしまいそうだけど，友達が一緒ならがんばれそう。

という意見が出された。

　最後に，「私の歩みはこれからも続く」という小平選手の言葉を伝えて授業を閉じた。

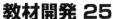 **教材開発 25**

●**教材1**「小平 夢見たラスト 故郷・長野で『心震えた』」 読売新聞 2022年10月23日

① 2018年平昌冬季五輪のスピードスケート女子500メートルで日本勢初の金メダルを獲得した小平奈緒選手（36）（相沢病院）が22日，長野市のエムウェーブで行われた全日本距離別選手権女子500メートルに出場し，現役最後のレースを終えた。満員となった地元の会場で温かい拍手に包まれながらリンクを去った。

「夢見ていた空間で滑ることができたのは，五輪でメダルを取ったときよりも，世界記録に挑戦したときよりも，私にとって価値のあるものだった」

小平選手が五輪を目指すきっかけとなったのが，1998年に同会場で行われた長野五輪。小学生だった当時，テレビの画面越しに感じた会場全体が一体となる雰囲気に憧れ，この大会を「ラストレース」に選んだ。この日，エムウェーブは長野五輪以来24年ぶりに，満員となった。何度も想像し，夢に見た景色。大観衆に背中を押されて会心の滑りで優勝し，「人のぬくもりが感じられた。心が震えて，飛び出てきそうな気持ちだった」と感極まった。

② レース後の引退セレモニーでは，平昌五輪で抱き合ってたたえ合う姿が感動を呼んだ李相花さん（韓国）が「奈緒の未来を応援するよ」と語るビデオメッセージが流された。小平選手は「サプライズが多すぎて頭が真っ白になった」と涙ぐみ，「私の歩みはこれからも続く。皆さんの近くで歩みをともに進めていくことができたら幸せ」と締めくくった。

●**教材2**「小平奈緒の主な歩み」 読売新聞 2022年10月23日

| 2001年 1月 | 中学2年で全日本ジュニアのスプリント部門を制覇 |
|---|---|
| 2006年12月 | ワールドカップ（W杯）長野大会1000メートル3位でW杯初の表彰台 |
| 2010年 2月 | バンクーバー五輪団体追い抜き銀，1000メートル5位，1500メートル5位，500メートル12位 |
| 2014年 2月 | ソチ五輪500メートル5位，1000メートル13位 |
| 2014年〜16年 | 単身でオランダに留学 |
| 2014年〜15年 | W杯500メートルで初の総合優勝 |
| 2017年 2月 | 世界距離別選手権500メートルで初優勝<br>世界スプリント選手権で初の総合優勝 |
| 2018年 2月 | 平昌五輪500メートル日本女子スピードスケートで初の金を獲得。<br>1000メートル銀，1500メートル6位 |
| 2022年 2月 | 北京五輪1000メートル10位，500メートル17位 |
| 2022年 4月 | 現役引退の意向を表明 |
| 2022年10月 | 現役ラストレースとなる全日本距離別選手権500メートルで優勝 |

**所見文例**

◆ この授業で この言葉を ◆

　　小平奈緒選手の「ラストレース」を題材にして学習したときには，「夢をかなえるためには，子どものころから努力をすることが大事だ」という意見を発表しました。そして，自分なら友達と一緒に楽しく練習を続けていきたいという思いをノートに書いていました。（自己の生き方）

（山形県　佐藤幸司）

# 2.人生を再び

<関連する主な内容項目>　D　よりよく生きる喜び

　いまだ終わりの見えないコロナ禍だからこそ，前向きに生きようと希望をもてる授業をしたい。そんななか，元パティシエの岡田吉之さんに出会いました。岡田さんは突然の病に倒れ，パティシエの道を閉ざされながらも再び料理に打ち込み，数多くのレシピを開発するようになりました。岡田さんが再び料理をするようになったのはどうしてなのでしょうか。

　苦難を受け入れ，乗り越えようとする姿から，よりよく生きる喜びを学ぶ授業です。

教材　・「料理する喜びは生きている証。
　　　　元『ア・ポワン』岡田吉之さんのワンハンドクッキング」
Web料理通信／食のバリアフリープロジェクト

岡田吉之 on Instagram

### ■ 前を向いて生きる姿
　岡田さんは，ある日，脳卒中を患い，右半身が思うように動かくなってしまいました。しかし，岡田さんが作った料理は左手だけで作ったとは思えないほど魅力的です。左手だけで料理をするための工夫，一つのレシピを完成させるためにかかった長い時間，料理にかける岡田さんの思いと言葉など，希望をもって生きる姿から，自分もがんばろうと前向きな気持ちを抱きます。

### ■ そして，新たな挑戦へ
　パティシエをしていたころ，岡田さんの経営する洋菓子店で人気だったのがプリンでした。時を経て，岡田さんは再びプリンを作り，販売しようと決めました。病に倒れてから，どうにか復活したいと思い続けた念願のプリンです。
　授業では，このエピソードを最後に紹介します。岡田さんの経歴や思いについて学び，それでもなお新たな挑戦へ向かうこのエピソードを知ることで，心が動きます。

## 指導目標

料理をすることで生きる希望を見つけようとする岡田さんの生き方を知り，よりよく生きる喜びを感じる心情を育てる。（道徳的心情）

## 準備するもの

・写真1　岡田吉之さん
・写真2　料理をしている岡田さん
・写真3　料理道具
・写真4　プリン
　（写真1〜4すべて134ページに掲載，提示用）
・スライド（岡田吉之さん紹介，岡田吉之さんが再び料理をする理由）

## 授業の実際

「紹介したい人物がいます」と言って，パソコンで作成したスライドで写真を提示した。
「この方は，岡田吉之さんと言います。パティシエをしていた方です」と伝え，続けてスライドで説明した。

> ・元パティシエ。本場フランスで修業し，洋菓子の技術を深めた。
> ・洋菓子店「ア・ポワン」の店主として，19年間経営。
> ・店は多くのお客さんでにぎわい，特にプリンが人気だった。

また，多くのパティシエが手本とする本を出版したことも，画像を交えながら説明した。
ここで，次のように話した。
「パティシエとして成功を収めた岡田さんですが，13年前脳卒中を患い，右半身が思うように動かなくなってしまいました」
話の展開に，子どもたちは驚いていた。
「けれども，岡田さんは左手だけでさまざまな料理を作ることに挑戦し始めます」と伝

えた後，スライドで画像を提示した。

写真1

「これは自宅で料理をしている岡田さんの写真です」と話し，次のように尋ねた。

### ❶どんな料理を作っているのでしょう。

「何か混ぜている？」「何だろう」という反応が多かったが，「パスタかな」と予想した子どももいた。「どんな料理を作るの」と気になる様子だったので，岡田さんが作った料理の画像をスライドで提示した。スライドを見て，「左手だけで作ったとは思えない」という感想が多かった。
岡田さんが病に倒れたときの気持ちについて，次のように語って聞かせた。

> 岡田さんが病に倒れたのは51歳のときのこと。店を続けることができなくなり，人気だった店を閉店しなければならなくなりました。当時を振り返って，岡田さんは，「もうどうでもいい，何もしたくないという気持ちになった」と語っています。突然の病で入院生活を送ることになりました。退院してからは，体を動かせるようにするためのリハビリが続きましたが，気持ちは沈んだまま。そして，自宅に引きこもる生活になってしまいました。家では，好きだった料理もせず，毎日コンビニの弁当ばかり食べていたそうです。
> 「半身不随になった元パティシエ 左手の料理で人生を再び」NHK

### ❷岡田さんを支えたものは何だったと思いますか。

しばらくの沈黙の後，次の意見が出された。

・もう一度自分の手で料理をしてみたい。それが病気を乗り越えることになると考えた。

・前のように料理はできないかもしれないけれど，左手だけでもできることをやりたい。新しく始めようという気持ち。

「そうして，今，岡田さんは多くの料理を自分で作るようになりました」と話題を変え，岡田さんの料理をスライドで提示した。

「料理のジャンルも和洋中と幅広く，レシピの数は200以上もあります」と説明した。

「実際に料理を作っている様子も見てみましょう」と言って，スライドで提示した。

写真2

「左手だけで料理をするために工夫があるのですが，わかりますか」と聞いたところ，「ボウルの下にふきんを置くと滑らない」と正解が出た。

続けて，スライドで**写真3**（134ページ）を提示して，「こんな道具もあります。左手だけでは難しい皮むきも道具を使うことでできるようになりました」と説明した。

さらに，さまざまな道具を試して自分に合ったものを見つけてきたこと，一つのレシピを完成させるのに3年かかったことなど，岡田さんの料理にかける思いを伝えた。

「岡田さんはパティシエの道を閉ざされながらも再び料理に打ち込み，数多くのレシピを開発するまでになったのです」と伝え，次のように発問した。

### ❸岡田さんが再び料理をするようになったのはどうしてなのでしょうか。

・やっぱり料理が好きだと気づいたから。

・沈んだ気持ちを明るくするため。

考えを受け止め，認めた上で，「岡田さんは，このように言っています」と言ってスライドで示した。

> 自分で料理を作って，生きている意味，生きる希望を見つけたい。

### ❹岡田さんにとって，自分で料理をすることは，どんな生きる意味，どんな希望があるのでしょうか。

・自分が好きなことを一生懸命するから，それが自信になって，前向きに生きることができるという意味。

・自分でできることを確かめることができて満足できる。

・好きな料理がまたたくさんできることが岡田さんの希望だと思う。

**ここでPower Up!**

料理をすることで生きる希望を見つけようとする岡田さんについて考えさせるための問いである。料理に向き合う岡田さんに思いをめぐらせ，前を向いて生きる姿に，よりよく生きる喜びを感じさせたい。

岡田さんは今，ある挑戦をしようとしています。パティシエ時代にこだわって作っていたプリンを再び販売しようと計画しています。岡田さんは「どうにか復活したいと，この13年ずっと思っていた」と言っています。

伝えた後，プリンの画像をスライドで提示した。

写真4

### ❺このプリンには，どんな思いが込められていると思いますか。

自分の考えを書かせて，授業を終えた。

## 教材開発 26

●教材　写真1 　写真2

写真3 　写真4

写真は下記のサイトで見ることができる。

写真1～3　「料理する喜びは生きている証。元『ア・ポワン』岡田吉之さんのワンハンドクッキング」
(Web料理通信　日置武晴：撮影)
https://r-tsushin.com/feature/movement/food_barrierfree_project_14/

写真4　岡田吉之 on Instagram　https://www.instagram.com/2020apochan/

●参考　「半身不随になった元パティシエ　左手の料理で人生を再び」(NHK)をもとに，授業者が一部要約，および引用した。　https://www.nhk.or.jp/d-garage-mov/movie/41-680.html

## ●「プリンにはどんな思いが込められていると思いますか」に対する子どもの考え

・このプリンを過去に買ってくれていた人たちや，このプリンを食べてみたいという人たちに食べてもらいたいという思いが込められていると思う。
・ずっと販売したかったプリンは，人生の思い出のいやなこともよかったことも全部詰まったプリン。
・またこのプリンを作って，食べてくれた人に「おいしい」「食べてよかった」などの笑顔を届けたい。

### 所見文例

◆ この授業で この言葉を ◆

「夢や希望のある生き方」をテーマにした学習では，病を乗り越えて再び料理に励む料理人の方の姿から，生きている意味や希望についてノートにまとめていました。（自己の生き方）

（宮城県　安彦俊宏）

# 3.ありがとう ラベンダー

<関連する主な内容項目> Ｄ 自然愛護

　コロナ禍で外出できなくなり，ハーブなどの植物を育てる人が増えたそうです。ラベンダーは香りがよく「ハーブの女王」と言われ，人々の癒やしとなっています。ラベンダーと言えば北海道が有名です。全国的に有名になったのは，富田忠雄さんが北海道でラベンダー栽培を続けたからなのです。植物への愛情をもち続けた生き方を通して，子どもたちにも植物を愛する心をもってほしいと願い，この授業を考えました。

教材　・『ありがとう　ラベンダー』
　　　岡崎英生：文　大社玲子：絵
　　　富田忠雄：監修・写真（キッズメイト）

### ■「絵本」を教材に

　この授業では，絵本を教材として活用します。『ありがとう　ラベンダー』は，北海道の中富良野町にあるファーム富田の創始者である富田忠雄さんが監修した絵本です。富田さんのラベンダー栽培の道のりについて描かれています。副題に「花のいのちを まもったひと」とあります。困難を乗り越え，ラベンダーへの愛情をもち続けた富田さんの生き方から，子どもたちの自然を大切にしようとする気持ちを醸成します。

### ■ 生活科との関連

　子どもたちは，生活科でアサガオや野菜の栽培をした体験をしています。ほかにも動植物を育てたことがある子も多いでしょう。こうした体験を想起させ，植物との関わりを語らせる活動を通して，さらに植物を大切にしていきたいという気持ちをもたせていくと，実際の生活場面に生きる学習になります。

## 指導目標

植物の栽培を継続した富田さんの生き方から，自然に親しみ，動植物に優しく接しようとする意欲をもたせる。（道徳的実践意欲）

## 準備するもの

・絵本『ありがとう　ラベンダー』
・ラベンダーの写真（あるいは実物）
・富田忠雄さん，ファーム富田の写真
・ワークシート（138ページに掲載）

## 授業の実際

授業の最初に，「これからクイズを出します」と言って，出題した。

### ❶7月の北海道で人気があるのは，□□□□□□□畑です。さて，何畑でしょうか。

子どもたちからは，「ジャガイモかな」「トウモロコシかな」などの意見が出たが，「ラベンダーだと思います」と言う子どもがいたので，「そうです。正解です」と答えを示した。

ラベンダーを知っているか尋ねたところ，ほとんどの子どもが知っていた。「今，家で育てている」「庭にある」という子どもも数名いた。

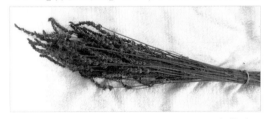

ここで，準備していたラベンダーの実物（ドライフラワー）を提示すると，「わー，きれい」「いいにおいがするね」と，教室内が盛り上がった。

子どもたちにラベンダーを見せた後，「特に有名なラベンダー畑が中富良野町の『ファーム富田』というところです。ここでラベンダーを作りはじめたのは富田忠雄さんという人です」と話して，ファーム富田の写真を見せな

がら次の説明をした。

ファーム富田は北海道を代表する観光地で，富良野地区の中で最大級の広さの花畑である。6～7月にラベンダーが咲く。ラベンダーを加工した製品も人気である。入園は無料。

※参考　中富良野観光協会ウェブサイト
　　　　ファーム富田ウェブサイト

説明を終えると，子どもたちからは，「知っている。インターネットで見たことがある」「きれいだなあ。行ってみたいなあ」などの声が聞かれた。子どもたちがファーム富田に興味をもった様子がうかがえたところで，絵本の紹介をした。

「富田さんがラベンダーを育て，ファーム富田が有名になったことが1冊の絵本になっています。『ありがとう　ラベンダー』という本です」

以下のような内容である。

---

**絵本のあらすじ**

今から60年くらい前，一組の夫婦（富田さん夫婦）が北海道でラベンダー畑を作った。初めは順調だったが，香水の会社がラベンダーの買い取りを停止したため，ラベンダーが売れなくなった。ほかの農家は，ジャガイモを作るようになった。

夫婦も何度もやめようとしたが，今年限りと決めた年に，ラベンダー畑の写真がポスターになり，多くの人が訪れるようになった。また，ラベンダーの加工品を販売して人気となり，夫婦は一生懸命働き，ラベンダー畑を広くしていった。

---

絵本の読み聞かせは，絵がよく見えるよう，ICTを活用して絵を提示した。読み聞かせの後，子どもたちが理解できるように，「今から60年くらい前の話であること」「ラベンダーが売れなくなっても富田さんだけはラベンダーを栽培し続けたこと」を確認した。

### ❷なぜ富田さんは，ラベンダー作りをやめなかったのでしょうか。

子どもたちからは，次のような考えが出された。

・ラベンダーが大好きだから。

・ラベンダーを切ったらかわいそう。

・ずっと育ててきた大事なラベンダーを ぜったい倒したくないから。

　子どもたちからは，ラベンダーを大事に思 う富田さんの気持ちを根拠にした意見がたく さん出された。

　さらに，次の発問をした。

### ❸みなさんは，富田さんがラベンダー 作りをやめなかった気持ちがどれく らいわかりますか。

「どれに近いか選んでくださいね」 と話して，次の三択で考えさせた。

```
1　とてもよくわかる
2　まあまあわかる
3　ちょっと難しい
```

　迷っている子・すぐに決められる子など反 応はいろいろであった。挙手で確認したとこ ろ，1が17人，2が4人，3が2人だった。

　次に，なぜその番号を選んだのか理由を聞 き，人数が少ない順で発表させた。

**3　ちょっと難しい**

・そこまでがんばれないから。

・別なものを植えたほうがいいから。

**2　まあまあわかる**

・自分もアサガオを育てたことがあって， なんとなく気持ちがわかるから。

**1　とてもよくわかる**

・野菜を育てたことがあるから，気持ちが よくわかった。

・せっかく育てたのに，だめにするなんて できない。

・生活科で野菜を育てたことがあるから， 気持ちがすごくよくわかった。水やりと か世話をがんばったから。

・家で花を育てているけど，かわいいから やめるなんてできない。

------------------------------

**ここで Power Up!**

　自分の気持ちに近いものを選ぶこの発 問で，子どもたちの気持ちを明確にさせ る。ラベンダーを大切に思う富田さんの

------------------------------

気持ちに共感し，自分の体験を語らせる 発問である。自分の気持ちと異なる考え が出ても認め合えるよう，教師自身がど の意見も共感的態度で受け止める。

------------------------------

　子どもたちの意見が出た後に，

「絵本の最後に富田さんがラベンダーや自 然について話している文章があります」

と言って，富田さんの文章を紹介した。

------------------------------

　「私がずっと相手にしてきたラベン ダーは，考えてみるとなにも物をいわな いんですよ。ラベンダーを生かしてくれ ている土も，ただ黙っているだけです。 そして私の大好きなラベンダーの香り も，目には見えないし手でさわることも できないんです。だけど，人間にとって ほんとうに大切なのはそういうものじゃ ないかと思いますね。

　空や川や森だって，なにもいいません けど，とても大切なものですからね」

(『ありがとう ラベンダー』p.37)

------------------------------

　ワークシートに文章を載せ，じっくり読ん で聞かせた。子どもたちは静かに富田さんの 言葉を聞いていた。

　最後に次のように発問した。

### ❹今日の授業で思ったことやこれから の生活に生かしたいことを書きま しょう。

　ワークシートに書かせて，授業を終えた。 「思ったこと」は，

・富田さんがんばってすごい。

・ずっとラベンダーを作ってきてよかった。

など，富田さんの生き方に感動する内容が多 かった。

　「これからの生活について」は，

・植物を育ててみたい。

という記述が多かった。また，生き物や自然 に目を向けて，

・自分の周りの自然全部を大事にして，優 しくしたい。

と書いた子もいた。

------------------------------

## ●富田忠雄さんについて

（1932 – 2015）北海道に生まれる。花農場「ファーム富田」創業。ラベンダーを長年栽培し，1990年，フランスで日本人としてはただ一人のオートプロバンス・ラベンダー修道騎士に叙される。1999年，北海道産業貢献賞を受賞。写真集に『風の記憶』（ラベンダークラブ），著書に『わたしのラベンダー物語』（新潮文庫）がある。

## ●ファーム富田について

北海道空知郡中富良野町にある農園。ウェブサイト：http://www.farm-tomita.co.jp

## ●ワークシート例

○月○日　どうとく

なまえ（　　　　　）

### ありがとう　ラベンダー
とみたさんの　おはなし

わたしが ずっと あいてに してきた ラベンダーは、かんがえてみると なにも ものを いわないんですよ。ラベンダーを いかしてくれている 土も、ただだまっているだけです。そして わたしの だいすきなラベンダーの かおりも、目には 見えないし、手でさわることも できないんです。だけど、にんげんにとって ほんとうに たいせつなのは そういうものじゃないかなと おもいますね。

そらや 川や もりだって、なにも いいませんけど、とても たいせつなものですからね。

◆ きょうの じゅぎょうで おもったことや これからの せいかつに いかしたいことを かきましょう。

◆ この授業で この言葉を ◆

**所見
文例**

　自然を大切にすることについて考えた授業では，植物を栽培した体験を想起し，これからいろいろな植物を大事に育ててみたいという思いを発表しました。　（自己の生き方）

（新潟県　大淵栄子）

# 4.努力は裏切らない
# 5.そして奇跡のバックホーム

<関連する主な内容項目>　A　希望と勇気，努力と強い意志［第1時］
D　よりよく生きる喜び［第2時］

　2019年9月，24歳の若さで，一人の青年がプロ野球を引退しました。プロ野球では，いわゆる戦力外通告を受けて引退する青年は多くいます。しかし，彼の引退理由はそれではありません。突然の病気。それでも，復帰をめざしましたが，それがかなわず自ら引退を決断します。彼の名は横田慎太郎。元阪神タイガースの選手です。彼の様子を知るたびに，授業を通して子どもたちに伝えたいと思いました。

　本授業は2時間連続の授業です。［第1時］は，小学校時代からプロ3年目までの取り組みをもとに，「努力」について考えました。［第2時］は，病気がわかり，闘病・復帰・引退までの3年間の取り組みをもとに，「よりよく生きる喜び」について考えました。

教材　・「横田慎太郎の『くじけない』」
　　　横田慎太郎：著　南日本新聞　2022年月1回連載

　　・『奇跡のバックホーム』横田慎太郎：著（幻冬舎）

写真提供：朝日新聞社

### ■ より具体的に

　「努力は裏切らない」は，横田さんが子どものころから大切にしてきた言葉です。教材「くじけない」には，その努力がより具体的に書かれています。たとえば，小学校時代には，元気な声でのあいさつや，練習を手伝ってくれる保護者にしっかりとお礼を言ったこと。プロ野球1年目は，どうやったらプロの世界に対応できるのかを先輩やコーチに何度も聞いたことなどです。横田さんの考える努力が具体的に伝わります。そして，自分がこれまで考えていた努力と比べることができます。［第1時］

### ■ 1枚の写真と「奇跡のバックホーム」の関係

　書籍『奇跡のバックホーム』の表紙の横田さんがボールを投げ終えた姿には，プロ野球選手としてのかっこよさが感じられます。また，それが「バックホーム」（守備の選手が走者をアウトにするためにホームベースに直接投げる）であることがわかります。ただ，「奇跡」という言葉が写真になじみません。プロ野球選手がバックホームで走者をアウトにすることは珍しくないからです。

　なぜ，「奇跡」なのか。この授業では，1枚の写真と「奇跡のバックホーム」の関係性を見つけることで，子どもたちは横田さんの思いに近づいていきます。［第2時］

# ［第1時］

## 指導目標

横田さんが夢に向かってがんばってきた様子を知り，自分の取り組みと比べることで，努力して物事をやり抜こうとする心情を育てる。（道徳的心情）

## 準備するもの

・教材1「くじけない①」（144ページに掲載，配付用）
・教材2「くじけない②（抜粋）」（145ページに掲載，配付用）

## 授業の実際

最初に，
「自分の夢はありますか。ある人は手を挙げましょう」
と聞いた。すると，全員が挙手した。続けて，
「その夢に向かって，今がんばっていることはありますか」
と聞くと，次の発表があった。

・お茶農家になるために，家の手伝いをしている。
・チャーハン専門店を開くために，料理の手伝いをしている。
・ダンサーになるために，毎日，練習をがんばっている。

将来の夢に関する発表に，子どもたちからは「すごいね」という声が聞こえた。

ここで，写真を見せながら，横田慎太郎さんを紹介した。

「この人は，横田慎太郎さんです。鹿児島県の人です。小さいころからの夢だったプロ野球選手になった人です。横田さんが大切にしていた言葉が『努力は裏切らない』です。今日は，この『努力は裏切らない』という意味を考えていきましょう」
と，学習のめあてを示した。

### ❶「努力は裏切らない」の意味を国語辞

典やインターネットで調べましょう。

すぐに調べた子どもから「努力をすればしただけの結果が返ってくる」という発表があった。また，「努力は人を裏切らない」が正確な言い方であることも付け加えられた。

----

**｜ここでLevel Up! ｝**

発問❶で，子どもたちはこの言葉の一般的な意味を知る。そして，この学習を通して，横田さんが考える「努力は裏切らない」の意味を想像することができる。それにより，子どもたちの経験に近づき，より深い価値理解につながっていく。

----

ここで，教材1，2を配付した。そして，小学校時代，中学校時代，高校時代，ドラフト（プロ野球の12チームから優秀な選手が選ばれる場），プロ3年目の写真を黒板に提示して，次のように話した。

### ❷横田さんは，それぞれの時代でどんなことをして，何を考えたのかを探しましょう。

子どもたちは教材1，2を読みながらそれぞれの場面の出来事を探した。また，気づいたことに線を引くように指示した。その後，子どもたちの発表をもとに，次のように板書した。

> **小学校時代**　父（プロ野球選手）への憧れ。小学校3年生からソフトボール。
> **中学校時代**　全国大会出場。夢が膨らんだ。
> **高校時代**　1年生から4番バッター。きびしい練習。決勝で敗れた。
> **ドラフト**　ドラフト2位で阪神へ。夢がかなった。甲子園でプレーできる。
> **プロ3年目**　開幕レギュラーになる。

### ❸横田さんのこれまでの出来事を知り，すごいと思ったことは何ですか。

すると，ほとんどの子どもたちが，

「小さいころからの夢をかなえてプロ野球選手になったのがすごい」
と発表した。また，ソフトボール少年団に所属している子どもから，
「高校1年生から4番バッターなんて，すごい選手だ」
という発表があった。発表した子どもは，野球のルールを知らない友達のために，4番バッターがチームで一番の強打者であることを説明した。

さらに，次の発問をした。

## ❹このときはつらかったのではないかと思う場面はどこですか。

子どもたちから出された意見で多かったのが，次の2つだった。

・高校時代に決勝戦で負けて，甲子園に行けなかったのがつらかったのではないか。
・プロ野球に入ったが，1軍でプレーできなかったのがつらかったと思う。

小さいころからの夢をかなえた横田さんも失敗し，つらい思いをしたことがあることに驚く子もいた。また，自分が失敗した経験と重ねて話す子もいた。そこで，学習のめあてにつながる次の発問をした。

## ❺横田さんの言う「努力は裏切らない」って何だろうか。

しばらく考える時間をとった後，発表した。
・努力した分，自分に返ってくる。
・努力すると，自分の願いに近づく。
・努力はむだにはならない。
・諦めずに続けると，自分が成長する。

子どもたちの発表のなかに，「自分」という言葉が多く聞かれた。これは発問❶での一般的な意味にはなかった言葉で，横田さんの取り組みを知り，より自分のこととして考えている様子がわかる。ここで，子どもたちの発言をまとめる形で，

努力すると，自分の夢（目標）に近づく

と板書した。

## ❻横田さんの取り組みと，自分の取り組みを比べてみよう。

ワークシートに書いた後，発表した。次のような考えに分類された。

「今のままを続けたい」という考え
・自分がしていることは間違いではないが，横田さんの方が努力をしていると思う。だから，ぼくも横田さんみたいにいっぱい努力をしたい。
・私はちゃんとできていると思う。これからはもっと努力して，横田さんみたいに夢をかなえたい。

「今のままではだめ」という考え
・これまでの自分は，努力のことを深く考えずにがんばっていたけれど，これからは努力の意味も考えながらがんばりたい。
・横田さんみたいに，もっと努力をした方がよかった。

「もっとがんばりたい」という考え
・ぼくはスイミングをがんばっているけれど，さらにもっと練習をがんばりたい。
・横田さんの話を知って，今やっている練習よりももっと厳しくすると，夢（目標）に近づくかもしれない。

### ここで Power Up!

自分の今のがんばりと，横田さんの取り組みを比べるための問いである。教材「くじけない」にはその努力がより具体的に書かれている。そのため，子どもたちは，それを自分の経験と比べ，より実感を伴った価値理解につなげられる。

横田慎太郎さんの略歴は次の通りである。

1995年東京都生まれ。3歳で鹿児島県に引っ越す。2013年阪神タイガースに入団。3年目は開幕から1軍で活躍。17年に脳腫瘍と診断され，復活をめざすが19年に現役を引退。現在は，講演・病院訪問・動画サイトの配信など幅広く活動している。

## ［第2時］

### 指導目標

大病を告げられた横田さんがどんなときもくじけない心で取り組む姿を知り，自分も希望をもって未来へ生きようとする意欲をもたせる。（道徳的実践意欲）

### 準備するもの

・書籍『奇跡のバックホーム』
・教材3「くじけない③（抜粋）」(145ページに掲載，配付用)
・教材4「くじけない④（抜粋）」(145ページに掲載，配付用)
・教材5「くじけない⑤（抜粋）」(146ページに掲載，配付用)

### 授業の実際

最初に［第1時］で使用した横田さんの写真を提示して，
「横田さんって，どんな人でしたか」
と聞いた。次の発表があった。

・鹿児島県出身の人
・阪神タイガースの選手
・小さいころからの夢をかなえて，プロ野球選手になった人
・努力の達人

次に，『奇跡のバックホーム』の表紙写真を提示して，気づいたこと・思ったことを発表した。
次の発表があった。

・かっこいい。
・ランナーをアウトにしたのではないか。
・プロ野球で活躍している。

また，言葉に注目し，「バックホーム」と「奇跡」の意味を調べた。子どもたちからは次のような発表があった。

・バックホーム：守備の選手が走者をアウトにするためにホームベースに直接投げること。
・奇跡：起こらないだろうけれど，起こっ

たこと。

さらに，次のように話した。
「プロ野球選手がバックホームで走者をアウトにすることは珍しくないです。では，どうしてそれが『奇跡』なのだろうか。とすると，このバックホームには『奇跡』になるような何かが関係していることが想像できます。今日は，この1枚の写真と『奇跡のバックホーム』の関係を考えてみましょう」

┌─────| ここでLevel Up! |─────┐

前時で，子どもたちは，横田さんの活躍は理解している。そのため，写真からはその様子が想像できる。しかし，「奇跡」という言葉にはつながらない。

本時はその疑問を解決するなかで，横田さんの取り組みや思いを想像していく。

└─────────────────────────┘

ここで，教材3，4を配付した。プロ3年目，闘病，復活，引退の写真を黒板に提示して，次のように話した。

### ❶横田さんはプロ3年目からどんなことがあったのかを探しましょう。

子どもたちは教材3，4を読みながら，それぞれの場面の出来事を探した。また，気づいたことに線を引くように指示した。

その後，子どもたちの発表をもとに，次のように板書した。

> **プロ3年目** 1軍で活躍。小さいころからの夢をかなえた。
> **闘病** 突然の病気。脳腫瘍。2か月に2回手術。絶望。体がつらい。でも，諦めない。
> **復活** 目が見えにくい。ボールが二重に見える。でも，諦めない。
> **引退** これ以上続けられない。引退試合で，現役最高のプレーができた。

子どもたちは，横田さんに起こった出来事に驚いている様子であった。そこで，次の発問をした。

## ❷横田さんの３年目からの出来事を知り，どんなことに驚きましたか。

次の発表があった。

・病気になるなんてびっくりした。

・２回も手術をしたなんて驚いた。

・復活できたけれど，引退しないといけなかったのは悲しい。

・引退試合で，現役最高のプレーができるなんてすごい。

## ❸横田さんのそれぞれの場面の気持ちを想像してみましょう。

子どもたちからの意見を「心情曲線」に表した。

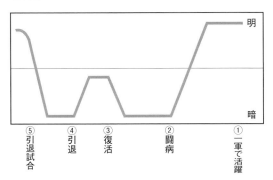

ここで **Power Up!**

心情曲線で表現することで，上の①〜⑤の３年間の取り組みと心情を重ねて考えることができる。これにより，横田さんの心情理解により近づくことができる。

ここで教材5を配付した。さきほど提示した『奇跡のバックホーム』の表紙に再び注目させて，次の発問をした。

## ❹どうして「奇跡のバックホーム」なのでしょうか。

次のような発表があった。

・目が見えにくいなかで，バックホームを成功させたから。

・引退試合で，現役最高のプレーができたから。

出された考えをまとめて，次のように板書した。

横田さんが，いつも諦めなかった気持ちが，最後に神様が背中を押して，奇跡のバックホームになった。

最後に，次のように話した。

「横田さんは，先生よりもずっと若いです。でも，先生は横田さんの人生や生き方を知って，たくさんの元気とよりよく生きるヒントをもらいました。人生は楽しいときばかりではありません。そんなときは，横田さんの考えや取り組みを思い出してほしいです。きっと，前へ進むヒントを与えてくれるはずです」

本実践では，横田さんと連絡をとることが可能であったため，子どもたちの質問を横田さんへ送った。以下は，それを分類してまとめている。

**奇跡のバックホームに関して**

・「奇跡のバックホーム」ができたとき，どう思いましたか。…(1)

**諦めない点に関して**

・何度もくじけそうになっても，諦めなかったのはどうしてですか。…(2)

**その他**

・脳腫瘍になったときは，恐怖はありましたか。…(3)

・今は何をしているのですか。…(4)

後日，次のような返事が届いた。

(1)これまで何度も何度も苦しいこと，つらいことがあり，ボールはきれいに見えなくても，何回エラーをしても，絶対に諦めることなく目標をもって，自分を信じて必死になって戦ってきて，野球人生の最後の最後に神様から思ってもいない最高のプレゼントが届きました。

(2)諦めてやめるのは簡単ですが，どんなに苦しいこと，つらいことがあっても，一つのことを一生懸命全力でやり続ければ，きっとみなさんも幸せな日が来ると思いますので，ぜひがんばってみてください。

(3)これから野球は本当にできるのか，最初のころは絶望しかありませんでした。

(4)今はこれまでの経験を話す講演活動を主にやっています。

●教材1 「横田慎太郎の『くじけない』①」　横田慎太郎：著　南日本新聞　2022年1月20日

※「くじけない」は2022年毎週第3木曜日連載

## 横田慎太郎の くじけない。①

スポ少

# 礼儀作法の教え基礎に

初めまして、横田慎太郎です。今月から1年間、このコーナーで僕からのいろいろなメッセージを届けたいと思います。子どもが大好きなので、とても楽しみにしています。

まずは、自分の大部分を占める野球について書きたいと思います。プロ野球選手に憧れた父に憧れ、日置市の湯田小学校3年だった時に、ソフトボールを始めました。湯田ソフトボールスポーツ少年団の山田栄一監督（故人）から、ソフトボールの基礎だけでなく、礼儀作法も教わりました。元気な声でのあいさつや、練習を手伝ってくれる保護者にしっかりとお礼を言うなど、厳しく指導されました。

この時、教えられたことは、大人になった今も自分の基礎になっていると思います。東市来中学校（日置市）の野球部では、全国大会に出場しました。この時、横

浜スタジアム（横浜市）で試合をしたことで、小さなころからの夢、プロ野球選手になりたいという気持ちがさらに高まりました。

進学した鹿児島実業高校では、想像を超える厳しい練、らいことも乗り越えられる不撓不屈の精神を鍛えることが覚えています。しかし、次はプロになって甲子園で活躍するという目標ができました。

1年から4番を任されましたが、県大会の決勝までは行くのに、一度も甲子園には

上 高校3年生の時、全国高校野球鹿児島県大会の準々決勝で右越え本塁打を放つ横田慎太郎さん＝県立鴨池 下 小学6年のソフトボールの試合で、ピッチャーとしてマウンドに立つ横田さん

習をしました。冬の朝練習では、上半身裸のまま雪の上で腹筋をしたことは今も忘れられません。その厳しい練

手が届きませんでした。この時の悔しさは今でもはっきり

かの2巡目で阪神タイガースに指名された時は、プロの夢がかなったと同時に憧れの甲子園でプレーできることがとてもうれしかったです。

憧れのプロ野球に入った後のことは、来月、詳しく書こうと思います。

こつこつと続けることで、夢に近づくことができたと思います。小さな目標を立てて、それを達成するために、こつこつと練習を重ねてきました。それは小学3年から高校、プロになっても変わりませんでした。

みなさんも、何か小さい目

3年のドラフト会議でまさ

標を持ってください。目標から逃げずに少しずつ少しずつ前に進んでみてください。

　　◇

プロ野球 阪神で外野手として活躍した横田慎太郎さんが書くコラム「くじけない」を、第3木曜に掲載します。つらい状況でも、努力し続ける大切さを伝えます。

よこた・しんたろう　1995年、東京都生まれ。3歳で鹿児島に引っ越し、日置市の湯田小学校3年でソフトボールを始める。東市来中学校、鹿児島実業高校を経て、2013年にドラフト2位で阪神タイガースに入団。3年目は開幕から1軍に昇格した。17年に脳腫瘍と診断され、2度の手術を受けた。19年に現役引退。20年に育髄腫瘍が見つかり、21年に治療を終えた。現在は鹿児島を拠点に講演、病院訪問、動画サイトの配信など幅広く活動している。父・真之さんも元プロ野球選手。

## ●教材2「横田慎太郎の『くじけない』②」　横田慎太郎：著　南日本新聞　2022年2月17日　抜粋

　一日も早く１軍で活躍することが期待に応えること，と決意しました。しかし，プロの世界は，すべてのスピードが高校野球をはるかに上回ります。

　どうやったら対応できるのか。先輩やコーチに何度も聞き続けました。遠くに飛ばしたいがために力一杯振っていたバッティングでは，体の力を抜くように練習しました。また，ピッチャーそれぞれの違いを研究するなど，基礎から学び直して，人一倍，努力を繰り返しました。

　僕は子どもの時から，一日一日の目標を立てて練習に取り組んできました。それをプロでも実践しました。支えは「努力は裏切らない」という言葉。目標をクリアするまでは自分との孤独な戦いです。もちろん，人にも負けたくない。とにかく毎日必死でした。プロ入り３年，ずっと思い描いていた開幕スタメンの座を勝ち取ることができたのです。

## ●教材3「横田慎太郎の『くじけない』③」　横田慎太郎：著　南日本新聞　2022年3月17日　抜粋

　2017年2月，沖縄キャンプ。１軍に定着したいという強い気持ちを持ち，プロ4年目を迎えました。そのキャンプは，"地獄の入り口"でした。自分の体に異変が起きたのです。

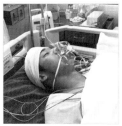

　バッティング練習中，ボールが二重に見え，思い通りに打てない。今まで当たり前にグローブで取れていたボールがはっきり見えず，うまく取ることができない。それまで体験したことのないことが続き，「どうしたんだろう」という焦りばかりが募りました。

　病院に行くよう勧められ，一人で眼科へ向かいました。なぜか脳外科の先生を紹介されました。そして，脳外科の先生からは予想もしない言葉が返ってきました。

　「脳腫瘍です。いったん野球のことは忘れてください」

　野球を忘れなければならないぐらいの大きな病気。頭の中は真っ白で，ただただ絶望しかありませんでした。

　その治療はつらく，苦しいものでした。２か月で２度の手術。そして，抗がん剤治療。一時は目もまったく見えなくなりました。そんな状態でも，絶対にグラウンドに戻って野球をやるんだ，という気持ちだけは持ち続けました。

## ●教材4「横田慎太郎の『くじけない』④」　横田慎太郎：著　南日本新聞　2022年4月21日　抜粋

　2017年9月，半年ほどの治療を終え，念願のグラウンドに戻ってくることができました。

　グラウンドに帰ってきたことを喜ぶのもつかの間，次の試練が待っていました。脳腫瘍による目の後遺症が思うように回復しなかったのです。

　トレーニングで体はできあがっても，正確なボールの動きを目で追うことができませんでした。とても悔しかったです。でも，「いつか見えるようになる」と自分に言い聞かせて，諦めずに練習を続けました。

　2年ほどたった時，ふと思ったのです。他の選手はきれいにボールが見えている。しかし自分は，二重に見えたりぶれたりして，ボールをしっかり追うことができない。逆に考えると，自分一人だけがこんな目でも大きな挑戦をしているのだ，と。

　毎日，自分のできることを，精いっぱいやり続けようと決めました。

●**教材5**「横田慎太郎の『くじけない』⑥」　横田慎太郎：著　南日本新聞　2022年6月16日　抜粋

　2017年の現役復帰以来，グラウンドに帰ってきたうれしさもあり，野球ができることへの感謝と，幸せな思いを持って，日々，練習に打ち込んでいました。

　一方で，目は回復しません。ボールが二重に見え，視界がぶれてしまいます。日に日に焦りが出てきました。

　2019年9月，ついにユニホームを脱ぐことを決断しました。担当スカウトに当時の状況を「苦しいです」と打ち明け，辞める決意を話した時は，懸命にこらえていた涙があふれました。

　9月26日，2軍選手としては異例の引退試合をしてもらいました。8回表，センターの守備につきました。病気になる前の試合から，1096日ぶりの公式戦でした。

　一打逆転のピンチの場面で，鋭い打球がセンターに飛んできました。その瞬間，何かにポンと背中を押されたような感覚があり，足が前に出ました。

　ボールは見えていませんでしたが，捕球後，ダイレクトにキャッチャーに返球しアウトにしました。最後に，現役最高のプレーができました。

　病気になり，ファン，球団関係者，家族など，本当にいろいろな人に支えられました。そしてその支えに応えようと練習を続けたことが，"奇跡のバックホーム"と言われるプレーにつながったと思っています。

●**板書例［第2時］**

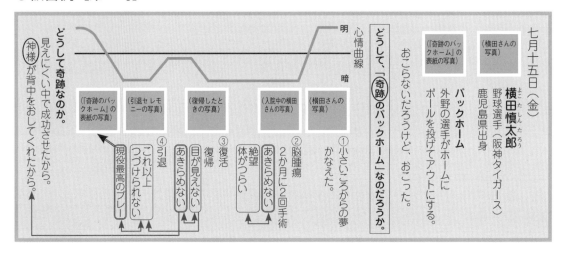

所見文例

◆ **この授業で この言葉を** ◆

　「横田慎太郎さん（元阪神タイガース）の取り組み」をテーマにした学習では，努力の意味を考え，自分の取り組みと比べることで，努力して自分の夢をつかむ意欲を高めていました。また，引退試合で見せた「奇跡のバックホーム」の意味を考えながら，どんな状況でも諦めずに前へ向かって取り組む必要があるのではないかと考えていました（自己の生き方）。

（鹿児島県　池堂浩二）

# 6.自分の気持ちに正直に

<関連する主な内容項目>　A　個性の伸長

　今や，テレビ，本，雑誌など，さまざまなメディアにおいて注目を浴びている「伝説の家政婦」タサン志麻さん。彼女が考案するレシピは「忙しいなかでも作りやすく，おいしいものがいっぱい」と多くの評判を呼んでいます。

　しかし，そんなタサン志麻さんですが，初めから家政婦を目標としていたわけでないのです。彼女の半生をヒントに，自分が本当にしたいことは何か，自分自身を探るきっかけとなる授業です。

教材　•「進路　わたし流　料理の道　自分の気持ちに正直に」
　　　朝日新聞　2022年7月4日
　　　• タサン志麻さんの料理画像

写真提供：タサン志麻

### ■ 自分の気持ちに正直になることが夢への近道

　子どもたちは，それぞれに将来の夢を描いています。それは，ほとんどが好きなことにつながるものです。しかし，「好き」だと思っていたことでも，がんばればがんばるほど，「楽しくない」「何がしたいかわからなくなる」と感じることがあるかもしれません。そのときに，「自分の気持ちに正直になること」が大切であると，志麻さんの体験から学ぶことができる授業です。

### ■ キャリア教育と組み合わせて

　フランス料理のレストランで働いていた志麻さんが，今は家政婦として活躍しているということは，将来の夢について，たくさんの可能性があることを教えてくれます。高学年の子どもたちには，卒業後の自分を思い描く機会を与えたいものです。10年後，自分がどんな大人になっているか考える活動があれば，それと同時期に授業することをお勧めします。子どもたちが未来に夢と希望をもつ，きっかけになることを願います。

## 指導目標

　自分の気持ちに正直になり，好きなことを継続することで，自分らしい生き方を実現できることを知り，自己を高めようとする意欲をもたせる。（道徳的実践意欲）

## 準備するもの

・教材「進路 わたし流 料理の道 自分の気持ちに正直に」（150ページに掲載，配付用）
・タサン志麻さんの料理画像3枚
・タサン志麻さん本人の画像

## 授業の実際

　最初に料理画像3枚を順々に提示した。
　すると，「おいしそう」「おなかすいてきた」など，子どもたちは口々に反応した。
　「これらの料理は，ある人が考えたものです。ある人とは……」と言って，タサン志麻さんの本人画像を提示した。「知っている。見たことあります」と答えた子ども数人に，知っていることを聞くと，「テレビで見たことがあります」「誰かのおうちの台所で，代わりに料理をしてくれる人だったと思います」と答えた。

写真提供：
タサン志麻

　そこで，次のようにタサン志麻さんを紹介した。
　「タサン志麻さんは，今テレビや雑誌などで注目を浴びている家政婦さんです。家政婦というのは，家庭における家事を補助，代行するお仕事なんです。なかなか予約がとれないため，『伝説の家政婦』と呼ばれています」

　子どもたちが理解できたことを確認して，次の発問をした。

### ❶ タサン志麻さんが，予約がとれないほど人気があるのはどうしてだと思いますか。

・仕事がとても丁寧だから。
・料理が上手だから。
・料理がおいしいから。

　初めに料理画像を提示していたため，料理に関する意見が多くあがった。
　「みなさんが言うように，評判になるってこういうことですね」と，どの意見も肯定的に捉えた上で，「志麻さんは，各家庭の家族構成や好みに応じた料理やつくりおきがとても好評だったのです」と話した。
　ここまで話すと，「聞いたことある。つくりおきで有名な人だ」とタサン志麻さんについて知っているという子どもたちが増えてきた。
　そこで，「今では，有名な家政婦さんですが，志麻さんは，初めから家政婦をめざしていたわけではありません」と話し，教材の新聞記事の前半部分を配付し，範読した。
　範読後，次のように発問した。

### ❷ 志麻さんは何をめざしていたのでしょうか。

┌───── ここで Level Up! ─────┐
　発問に対する答えが記事にははっきりと書かれていない。あえて，明確な答えが捉えにくい発問をすることで，ただ読み取るのではなく，考えさせる仕掛けをつくる。
└────────────────────┘

・フランス料理のシェフ。
・店をもちたいわけではないのだから，シェフではないんじゃないかな。
・「目標が見えなくなりました」とあるから，めざすべきものがわからなくなってしまったのでは。

　よく読んでいくと，フランス料理のレストランで働いているものの，めざすべきものを見失っていることがわかる。志麻さんが挫折

を感じる部分である。このことについて次の
ように追究していく。

## ❸どうして，志麻さんは目標を見失っ てしまったのだと思いますか。

　志麻さんの心情に迫る発問であるため，
ワークシートに自分の考えを書く時間をとっ
た。学級の8割ほどが意見を書けたところで，
子どもたちに発表させた。

・がむしゃらにがんばっているうちに，楽
しくなくなってつらくなった。
・フランス料理は好きだけど，仕事として
好きかどうかはわからなくなってしまっ
た。
・忙しくて，一日一日が精いっぱいになっ
てしまった。
・レストランで働くことが，本当に好きな
ことではなかった。

子どもたちの意見を整理し，板書した。好き
だと思っていたことがわからなくなるつらさ
を子どもたちの意見から感じることができた。
　ここで，新聞記事の後半部分を配付し，最
後の段落のみ残して，範読した。
　志麻さんが，挫折を乗り越え，家政婦とい
う新しい仕事に出合う内容である。子どもた
ちは，ほっとしたように範読を聞いていた。
店から逃げたことは，志麻さんにとって「挫
折」であると確認し，次の発問をした。

## ❹志麻さんは，どのようにして挫折を 乗り越えたと言えますか。

　この発問に対する考えも，ワークシートに
書く時間をとった。
　子どもたちからは，

・家政婦という自分に合う仕事に就いた。
・好きなこと（料理）につながる仕事を見
つけた。
・好きなことを違う形で続けた。

という考えが出された。
　志麻さんがそれまで勤めていたフランス料理
のレストランと，家政婦の仕事の共通点である
「料理をすること」は変わらない。つまり，好
きなことは続けていたということを，子どもた
ちの意見を整理しながら，黒板にまとめた。

╭─────「ここでPower Up!」─────╮

　レストランでの仕事と家政婦の仕事
の共通点を板書で整理することで，仕
事は変わったけれど，変わらない部分
があることに気づかせる。

╰──────────────────────────╯

　子どもたちに配った新聞記事（後半）は最
後の段落の一部分を空欄にしてある。
　「最後の段落は，志麻さんがこの記事を通
していちばん伝えたいことが書いてありま
す」と話し，次のように板書した。

┌────────────────┐ から，
└────────────────┘
やりたかったことの答えを
見つけることができました。

## ❺空欄にはどんな言葉が入ると思いま すか。

・好きなことをあきらめなかった
・好きなことを続けた
・自分のやりたいことを追究した

などの意見があがった。ここは，あまり時間
をかけずに実際の言葉を提示した。

| 自分の気持ちにうそをつかなかった | から，
やりたかったことの答えを
見つけることができました。

## ❻自分の気持ちにうそをつかないと は，どういうことでしょう。

　子どもたちは少し考えて，

・正直でいること。
・好きなことを好きなままでいること。
・つらい気持ちを見逃さないこと。
・何が好きなのか，本当にしたいことは何
かよく考えること。

など，志麻さんの半生を参考にした考えがい
くつか出た。これらの意見をしっかりと板書
した。最後に，「自分の好きなこと」と授業
の感想を書かせて終わりにした。

●**教材** 「進路 わたし流　料理の道 自分の気持ちに正直に」　朝日新聞　2022年7月4日

## 進路わたし流

# 料理の道 自分の気持ちに正直に

家政婦　タサン志麻 さん

たさん・しま　1979年、山口県生まれ。大阪の辻調理師専門学校、辻調グループフランス校卒業。帰国後に老舗レストランなどで勤務し、フリーの家政婦に。『厨房から台所へ』（ダイヤモンド社）など著書多数。

（聞き手・高木智子）

料理の道は、高校時代に決心しました。進学校だったので周りは大学を目指しましたが、迷いはありませんでした。

大阪の調理師専門学校を経てフランスに留学。格式ある三つ星レストランで研修を受ける機会に恵まれましたが、どちらかといえば、あたたかさを感じるビストロが好みでした。

20歳で帰国し、就職先を探して食べ歩きました。都内の老舗レストランのシェフには「女は雇わん」と言われましたが、熱意をぶつけて採用されました。お金も時間もぜんぶつぎ込んで、フランス料理を勉強しました。寝る間を惜しんで本を読み、休みになれば語学のレッスン、映画や美術を見に行きました。

当時はとがっていて、自分と同じ一生懸命な気持ちを同僚に求めるようになり、空回りしました。同期が独立する時期でしたが、私はただフランス料理が大好きで、自分の店を持ちたいのではないか。どこに向かうのか、いったい何をやりたいのか、目標が見えなくなりました。

「長い間、お世話になりました」。こんな書き置きを残し、10年以上働いた店を逃げたんです。「解放された」と感じたほど苦しく思い詰めていました。

大きな挫折でした。それでも料理からは離れたくなかった。ちょうどこの頃に結婚し、妊娠しました。ベビーシッターなら、その家庭で料理もできると思い立ち、家事代行サイトに登録。初めは掃除の依頼が多かったですが、作り置きの「またつくって」と喜んでくれるレビューが次第に増えていきました。

それから7年。一人ひとりを思って料理をつくる、家族の食事の時間を少しでもつくってあげられる家政婦という仕事と出会えて本当に良かった。日本のフレンチは堅苦しいイメージがありません。でも自分の気持ちにうそをつかなかったから、やりたかったことの答えを見つけることができました。

・前半部分は「料理の道は」～「『解放された』と感じたほど苦しく思い詰めていました。」（下段1段落目まで）
・後半部分は「大きな挫折でした。」（下段2段落目）～最後。「自分の気持ちにうそをつかなかった」を空欄にして配付した。
・配付するときは新聞記事の本文のみとした。

## ●授業冒頭に提示する料理写真について

インターネットで画像検索して見つけたものを印刷した。

画像の中には，作り置き用として保存容器に入れられた料理が並んでいるものもあるが，「家政婦」のヒントになるため，冒頭ではあえて盛りつけされている料理画像を選んだ。学級の子どもが好きそうな料理の画像を選ぶと，「おいしそう」と反応しやすくなり，学級の雰囲気を和らげる効果もある。

**所見文例** ◆ この授業で この言葉を ◆

> 個性を伸ばすことについて考えた授業では，自分の気持ちに正直になり，好きなことを続けることが将来へとつながると理解し，自分の好きなことを大切にしていきたいという考えを発表することができました。（自己の生き方）

（千葉県　峯尾　唯）

# 今　この人に学ぶ

いろいろな分野で活躍している人がいるね。ぼくも, がんばろう！

1. 夢見たラスト
2. 人生を再び
3. ありがとう　ラベンダー
4. 努力は裏切らない［第1時］
5. そして奇跡のバックホーム［第2時］
6. 自分の気持ちに正直に

　よりよい生き方をするには, そのモデルが必要です。各分野で活躍している人たちは, 自分の目標をもち, 努力を続けています。
　自分もこんな生き方をしてみたい。
　子どもたちが生きる憧れを抱く至極の6実践です。

| | |
|---|---|
| **1. 夢見たラスト** | 　スピードスケート界の頂点を極めた小平選手の夢舞台は, 地元・長野市のエムウェーブ。小平選手にとって, オリンピックよりも世界選手権よりも価値のあるものだった。<br>　本人の努力なしには, 偉業を成し遂げることはできない。けれども, その陰にはたくさんの支えがある。最後にたどりついた夢空間 —— それが小学生だった当時, テレビの画面越しに見たこの会場である。実現した夢は, 新たな夢に形を変えて, このさきもずっと続いていく。 |
| **2. 人生を再び** | 　人生は, 楽しいことばかりではない。つらくて逃げ出したくなることだってある。そんなとき, 人は何を支えにして立ち上がっていくのだろうか。授業者は, 発問❷で「岡田さんを支えたもの」について問いかける。今を生きる岡田さんの姿から, 子どもたちはその答えを見つけ出そうとする。<br>　プリンに込められた思いについて, ある子は「人生の思い出のいやなこともよかったことも全部詰まったプリン」と書いている。それは, 生きる喜びの象徴となるプリンである。 |

## 3. ありがとう ラベンダー

授業者の"ラベンダー愛"が伝わってくる実践である。その思いは，教室の子どもたちにも柔らかにしっとりと伝わっていく。終盤に紹介した富田さんの文章がいい。「人間にとってほんとうに大切なもの」という言葉から，自然の偉大さを感じることができる。

ラベンダーの実物（ドライフラワー）の提示から実話をもとにした絵本，そして富田さんの言葉へという流れが心地よい。巧みな展開で，子どもの感性が育まれていく。

## 4. 努力は 裏切らない [第1時]
## 5. そして奇跡の バックホーム [第2時]

元プロ野球選手の横田慎太郎さんに学ぶ2時間連続の授業である。道徳は，1時間で一つの内容項目を扱って，その時間で完結する場合が多い。本実践では，第1時で［希望と勇気，努力と強い意志］を，第2時で［よりよく生きる喜び］を「関連する主な内容項目」として扱っている。授業記録を読めば，この内容項目の位置づけが実にしっくりくることがわかる。

横田さんの生き方から，子どもたちに学ばせたいことがたくさんある。1時間では，伝えきれない。ならば，複数時間の扱いにして単元を構成すればいい。一つの内容項目にとらわれる必要もない。この授業で何を学習するのかを，授業者がはっきりとつかんでいればいい。

第1時で努力し続けることの大切さを学んだ子どもたちは，第2時で希望をもって生きていくことの尊さに気づく。横田さんご本人から届いたメッセージは，子どもたちにとって，これからの人生を歩んでいく指針となることだろう。

## 6. 自分の気持ちに 正直に

テレビのなかのタサン志麻さんは，いつもてきぱきと料理をこなしている。その仕事ぶりは，まさにプロフェッショナル。志麻さんが台所に立っただけで雰囲気が明るくなる。

しかし，志麻さんの話を聞くと，これまでの道のりが順風満帆ではなかったことがわかる。自分の気持ちにうそをつかない ── 。これは，大きな挫折を乗り越えてきた志麻さんの言葉だからこそ，子どもたちの心に響く。自分らしく生きていいんだよ。そんなメッセージが伝わってくる授業である。

（編者　佐藤幸司）

# 『とっておきの 道徳授業』11〜20 授業リスト

※人物の肩書き・所属などは授業を実践した当時のものです。

# とっておきの 道徳授業13

## 「特別の教科」への期待に応えるオリジナル授業30選

番号 タイトル(人物) 対象学年 内容項目

**第1章 動く**
1. 「いじめ」と「いじり」(田中将大 野球選手)
　低 B 友情,信頼
2. 思いやりは「気づく」ことから
　低 B 親切,思いやり
3. 厳かに 厳粛に
　中 C よりよい学校生活,集団生活の充実
4. いいところを合わせると大きな力
　中 B 友情,信頼
5. 3つの「うれしい」(やなせたかし 漫画家)
　低 B 親切,思いやり
6. よい結末のために(パスツール 生化学者)
　高 A 希望と勇気,努力と強い意志

**第2章 揺さぶる**
1. 極楽と地獄
　中 B 親切,思いやり
2. 鉛筆を使えるのはだれのおかげ?
　低 A 節度,節制
3. 森のしきしゃ
　中 C 公正,公平,社会正義
4. いのちをいただく
　高 D 生命の尊さ
5. 動物と人間の共生とは(坂東元 旭山動物園園長)
　高 D 自然愛護
6. 掃除は自分たちでする
　中 C 勤労,公共の精神

**第3章 貫く**
1. 和食
　中 C 伝統と文化の尊重,国や郷土を愛する態度
2. ぼくのお母ちゃん
　高 C 家族愛,家庭生活の充実
3. やさしさは,かっこよさ(矢沢永吉 ミュージシャン)
　高 B 親切,思いやり
4. ピンク色に込めた想い
　低 B 友情,信頼
　高 B 友情,信頼
　高 B 相互理解,寛容
5. 命を輝かせる
　高 D 生命の尊さ
6. へいわってすてきだね
　低 D 生命の尊さ

**第4章 見据える**
1. めでたし,めでたし?
　高 B 親切,思いやり
2. はやぶさからの贈り物(川口淳一郎 JAXA)
　高 B 友情,信頼
3. 欲張りって,長所だ。
　高 A 個性の伸長
4. しあわせは…
　中 B 友情,信頼
5. 台詞の言い換え(大山のぶ代 声優)
　中 B 礼儀
6. バナナの授業(ダニエウ サッカー選手)
　高 C 公正,公平,社会正義

**第5章 染み入る**
1. 出会えた命だから
　低 D 生命の尊さ
2. 夢と魔法の国
　中 C よりよい学校生活,集団生活の充実
3. 幸せのお菓子
　低 A 正直,誠実
4. 縁の下の力持ち
　高 A 希望と勇気,努力と強い意志
5. 6年生のランドセル
　高 A 節度,節制
6. ランドセルに込められた願い
　高 C 家族愛,家庭生活の充実

# とっておきの 道徳授業14

## アクティブ・ラーナーが育つオリジナル授業30選

番号 タイトル(人物) 対象学年 内容項目

**第1章 原点! 生きる意味を問う6実践**
1. 誕生日には「ありがとう」を(福山雅治 シンガーソングライター)
　中 C 家族愛,家庭生活の充実
2. 5分の遅刻から始まった 乾電池王・屋井先蔵
　高 A 希望と勇気,努力と強い意志
3. ぼくがいるよ
　低 C 家族愛,家庭生活の充実
4. だからうそをついてはいけないのです
　低 A 正直,誠実
5. 遠回りしようよ(萩本欽一 コメディアン)
　高 A 希望と勇気,努力と強い意志
6. 桂 歌丸さんに学ぶ(桂 歌丸 落語家)
　高 A 希望と勇気,努力と強い意志

**第2章 白熱! 熱中! 議論&体験6実践**
1. 小さな命
　中 D 自然愛護
2. ぼく・わたしの「ありがとうの絵本」
　低 B 感謝
3. 家事とは,何のため?
　中 C 家族愛,家庭生活の充実
4. 私たちの自慢の学校
　中 C よりよい学校生活,集団生活の充実
5. 友だちとは(ビートたけし 漫才師)
　高 B 友情,信頼
6. 公平って何ですか(為末 大,田中裕二,俵 万智)
　中 C 公正,公平,社会正義

**第3章 新項目に完全対応! 必須6実践**
1. 世界に目を向けよう
　低 C 国際理解,国際親善
2. 元気にさせるハンコ
　低 A 個性の伸長
3. 一人の勇気は,みんなの勇気
　中 C 公正,公平,社会正義
4. がんばるのは,自分?(森永卓郎 経済アナリスト)
　中 C 公正,公平,社会正義
5. 音のない世界と音のある世界をつなぐ
　(松森果林 ユニバーサルデザインコンサルタント)
　高 B 相互理解,寛容
6. 「ビリ」の価値(東井義雄 教育者)
　高 D よりよく生きる喜び

**第4章 いじめ撲滅! 喫緊の課題に応える6実践**
1. 友だちに贈りたい漢字
　中 B 友情,信頼
2. いのちは時間である(日野原重明 医師)
　高 D 生命の尊さ
3. あんなになかよしだったのに
　中 B 友情,信頼
4. 友だち
　低 B 友情,信頼
5. 友だちにとっての自分
　中 B 友情,信頼
6. CANDY〜強かに生きるとは〜
　(高橋 優 シンガーソングライター)
　高 A 希望と勇気,努力と強い意志

**第5章 学びの深化! 考える道徳6実践**
1. 胸いっぱいの「ひとこと」
　中 B 親切,思いやり
2. バス停のひとりごと
　中 C よりよい学校生活,集団生活の充実
3. またやろう
　中 B 親切,思いやり
4. 「本当の自由」とは(ピタゴラス,福澤諭吉)
　高 A 善悪の判断,自律,自由と責任
5. きいてるかい オルタ
　中 A 個性の伸長
6. わたしのしごと
　低 C 家族愛,家庭生活の充実

# とっておきの 道徳授業15

## 「特別の教科 道徳」時代のオリジナル授業30選

# とっておきの 道徳授業16

## 絶対外さない！ 鉄板の道徳授業30選

## おわりに

　『とっておきの道徳授業』シリーズが初めて世に出たのは，2001（平成13）年11月のことである。教室現場から発信される道徳授業の実践書として話題になり，新聞・テレビなどのさまざまなメディアで紹介された。以来，およそ年に１冊のペースで発刊を重ね，今回，小学校編は記念の20巻目（中学校編17巻目近刊）となった。本シリーズは，21世紀の幕開けとともに，平成から令和の時代へと，子どもたちに届けたい道徳授業を，着実にそして大胆に主張し続けてきている。

　本シリーズには，１巻から19巻まで，それぞれ30〜35本の道徳授業記録が追実践可能な形で収められている。今回，新たに仲間入りした20巻30本の授業を加えて，計651本の小学校道徳授業記録が教育界の財産として蓄積されることになった。

　これらの授業は，現場の教師たちの手によって開発されたオリジナル実践である。

　今の時代だからこそ求められる，珠玉の授業たちである。

　授業実践を掲載するにあたり，多くの方々・企業の皆様が，貴重な資料を快く提供してくださった。心より感謝申し上げる。

　教育研究団体「道徳のチカラ」は，道徳教育の推進に熱き志をもつ教師の集いである。

　2010（平成元）年に誕生したマスコットキャラクター「どーとくん」は，今年で満13歳。中学校進学の年齢になり，ますます元気いっぱいである。

　子どもたちが喜ぶ道徳授業づくりのお役に立てることが，「どーとくん」の願いである。

©2010 The Power of Moral Education

　「道徳のチカラ」では，優れた道徳授業記録を集め，広めていく活動のほか，道徳教育全般における教育実践も視野に入れ活動を展開している。現在，機関誌『道徳のチカラ』（年会費制）を購読している正会員と，ネット配信『総合・道徳教育メールマガジン』（無料）を受信している準会員，各地で開催しているセミナー（研修会）に参加している教師によって組織され，北は北海道・稚内市から南は沖縄・石垣島まで，日本中に同志がいる。機関誌は，デジタル化へと移行し，内容をさらに充実させていく準備を進めているところである。

　子どもたちの幸せを願い，"これから"を生きる子どもたちにとって価値ある教師であるために学び続けていきたい。

　2023年3月　（全20巻を越えて　より高みをめざして）

佐藤幸司

**[執筆者一覧（五十音順）]**

| | | | | | | | | | |
|---|---|---|---|---|---|---|---|---|---|
| 安彦 俊宏 | 宮城県 | 仙台市立向陽台小学校 | 教諭 | | 辻 志郎 | 愛知県 | 名古屋市立千早小学校 | 教諭 |
| 飯村 友和 | 千葉県 | 八千代市立高津小学校 | 教諭 | | 辻川 和彦 | 長崎県 | 川棚町立小串小学校 | 教頭 |
| 猪飼 博子 | 愛知県 | あま市立甚目寺南小学校 | 教諭 | | 広山 隆行 | 島根県 | 松江市立大庭小学校 | 教諭 |
| 池堂 浩二 | 鹿児島県 | 南九州市立青戸小学校 | 教諭 | | 藤髙 英一 | 愛知県 | 大府市立大府小学校 | 教諭 |
| 伊藤 茂男 | 愛知県 | 北名古屋市立白木小学校 | 校長 | | 峯尾 唯 | 千葉県 | 市川市立大和田小学校 | 教諭 |
| 大淵 栄子 | 新潟県 | 新潟市立濁川小学校 | 教諭 | | 柳田 一帆 | 愛知県 | 名古屋市立堀田小学校 | 教諭 |
| 小林 隆史 | 新潟県 | 新潟市立浜浦小学校 | 教諭 | | 渡邉 泰治 | 新潟県 | 新潟市立五十嵐小学校 | 教諭 |
| 佐藤浩太郎 | 神奈川県 | 桐光学園小学校 | 教諭 | | | | | |
| 佐藤 幸司 | （編著） | | | | | | | |
| | 山形県 | 山形市立鈴川小学校 | 校長 | | | | | |

（所属は2023年3月現在）

**[編著者紹介]**

佐藤幸司（さとう・こうじ）

山形県生まれ。山形大学大学院教育学研究科（道徳教育）修了。1986年より教職につく。

現在，山形県公立小学校校長。

教育研究団体「道徳のチカラ」代表。

＜主な著書＞

『WHYでわかる！ HOWでできる！ 道徳の授業Q&A』『道徳の授業がもっとうまくなる50の技』[以上明治図書]，『プロの教師のすごいほめ方・叱り方』『クラスが素直に動き出す！ プロの教師の子どもの心のつかみ方』[以上学陽書房]，『子どもを幸せにする「道徳科」』（共著）[小学館]，『道徳授業は自分でつくる』『とっておきの「ニュース de 道徳」』『とっておきの道徳授業』シリーズ（編著）[以上日本標準]

E-mail s-koji@mwa.biglobe.ne.jp

**[公式ウェブサイト（機関誌・メールマガジン申し込み）の紹介]**

☆道徳のチカラ公式ホームページ　http://www12.wind.ne.jp/kaikaku/

　ヤフー等の検索ページで「道徳のチカラ」で検索すると，すぐ出てきます。最新情報が満載です。

☆道徳のチカラ機関誌（年会費制）

　上記公式ウェブサイトの「機関誌道徳のチカラ」をクリックして，申し込んでください。

☆総合・道徳教育メールマガジン（無料）

　上記公式ウェブサイトの「メルマガ申し込み」をクリックして，申し込んでください。

※本文中のURLなどは，2023年2月1日現在のものです。

JASRAC 出 2300417-301

これからを生きる子どもたちへ

# とっておきの道徳授業20
## 一歩先を行くオリジナル道徳授業

2023年3月30日　第1刷発行

編著者／佐藤　幸司

発行者／河野　晋三

発行所／株式会社 日本標準

　　　　〒350-1221　埼玉県日高市下大谷沢91-5

　　　　電話　04-2935-4671

　　　　FAX　050-3737-8750

　　　　URL　https://www.nipponhyojun.co.jp/

表紙・編集協力・デザイン／株式会社 コッフェル

イラスト／タカミネシノブ

印刷・製本／株式会社 リーブルテック

◆乱丁・落丁の場合はお取り替えいたします。

ISBN 978-4-8208-0734-6